U0932132

遇見盼望

在高山幽谷中望得更遠的48個操練

蔡貴恒　崔妙姍　著

同步人間系列

基道出版社

▼

Dream Publication · 同步人間系列

遇見盼望

在高山幽谷中望得更遠的 48 個操練

作者

蔡貴恆、崔妙姍

策劃 / 審閱

張小鳴

裝幀設計

奇文雲海 · 設計顧問

■

製作 / 發行

基道出版社

香港沙田火炭坳背灣街 26 號富騰工業中心 1011 室

LOGOS PUBLISHERS

Unit 1011, Fo Tan Ind. Centre, 26 Au Pui Wan St., Shatin, Hong Kong

電話：(852) 2687-0331 傳真：(852) 2687-0281

網址：http://www.logos.com.hk

承印

陽光 (彩美) 印刷有限公司

●

12/2018 初版

Cat. No. LP671

ISBN: 978-962-457-580-4

刷次	10	9	8	7	6	5	4	3	2	1
年份	2027	2026	2025	2024	2023	2022	2021	2020	2019	2018

目錄

二 遇見

三 節慶：記念主

四　品嘗生命——都市靈修

五　渴慕：沒有神，是不可能的

六　我看我城

序

文字是表達信仰和傳遞遠象的重要途徑。靈修作品是讓人親近神的，故內容必須更具知性、貼近心靈和幫助讀者全面學習，讓讀者掌握內容，也必須反映結合靈性與行動的信仰生命。我們的靈性操練需要一個更開闊、更高遠的視野，這正是此系列的目標。

在遼闊的世界中，我和你因世事變幻而受著衝擊。我們跌倒，站起來，改正，奮力去改變，但有時乏力，甚至遍體鱗傷！若我們身心消磨殆盡，心靈充斥著傷痛、壓迫和失望，難道只可以埋怨，身陷更深的折騰？要突破這困局，不是倚靠奇迹似的正向思維，而是要學習說自己的故事，那就是遇見神時與祂對話。跟神交談之後，我們或會看清楚自己和周遭的世情。是的，這就是拋掉絕望的操練。（參本書第一及二部）

當然，惱人的困境不會立刻就過去。這時，我們可以告訴自己停下來，讓隨時日而至的節慶帶給我們極需要的安息。節慶，無論我們在何種境遇、在高處低處，都邀請我們再望遠一點。（參本書第三部）

面對職場壓力、各種人際關係的要求，再加上功能性教會的模式，都市人或許漸漸失去自信和生活中的各種味道。只是，原來在麥當勞化的城市，我們仍然有很多風景和事物可供品嘗。（本書第四部）

信仰並不是刻板的，而是立體的、可以品嘗的。默默的觀看，靜心，其實蘊藏著渴慕的心靈所帶來的動力。在這城中，真實的緬懷與共同記憶可以激化生命，更上一層樓則是我們此生的夢想。即使夢碎，但生命若能閃耀，可如極小的種子，是會開花的！日出、黃昏日落，你我在城中可親密地守著盟誓，與愛的人走過人生。（本書第五及六部）

這書每篇的形式是獨特的，有「安靜默想」、「心情靈程」、「閱讀」和「共鳴點滴」的部分。「安靜默想」的部分是鼓勵讀者自己親近神，在箇中體驗安靜。然後，在默想聖經後學習我手寫我心，記錄自己的心情和靈程。我們將「閱讀」的部分放在後面，是希望讀者不要先入為主，而是自己去發現。今天，團契和共鳴都是稀有的，所以「共鳴點滴」這部分是鼓勵讀者操練與神與人建立更親密的團契。透過寫下最重要的發現、最強烈的感受、最有衝動要作的事，我們對自己必定有更深的認識，而藉著對心説話，想要告訴耶穌和靈友的説話的筆記，我們會留意到原來我們最想表達的是甚麼。

我第一本聖經當年售價為港幣十五元，現已支離破碎，但我仍然珍惜它，因為當中記下許多自己讀經和默想的發現。但願這本書也會成為你的札記，作為你和肢體溝通的橋梁，以及寫給神的情書。

最後，要感謝一羣支持我和妙姍寫作的肢體，他們對文字的夢和不斷的支持鼓勵了我們。編輯張小鳴多年來對文字工作的承擔，還有基道出版社的配合，讓這一切相得益彰。

還記得那一年，我倆在台中旅行，遙望連綿起伏的羣山，在一輪落日的餘暉映照中，那幅圖畫早已定格鑲嵌在心靈深處。盼望這本書像那風景一樣，觸動鼓舞我們舉心向上並同步人間。

我的靈程

蔡貴恆

一九七六年，在梅窩的退修營決志接受基督的救恩。那一剎那依然歷歷在目。那些年，我努力地將很多知識擠滿了我的屬靈背包。現在，我已徹底離開了追求答案的信仰，我的背包中大多是實質的體驗和複雜的感受。我想將我這些經歷寫下來，但在寫作過程中還是帶著詰問的思緒和心情。雖然過程是如此痛苦，我仍堅持追求透視力和洞見！

一九八四年，神學院畢業後，我帶著滿腔熱誠到教會事奉。我雖有牧養的熱情，但看見個人的軟弱和掙扎，以及社會變化中詭異的變遷所帶來的關係疏離等，都跟我們的成長息息相關，一再影響我們。是信靠神的心讓我踏實和甘心行在這路上，並懷著誠實的心去察看。

我看見信眾和自身的各種限制，於是決心走在安靜、默想和讀書的路上。我期望，在獨處中，神能校正我的視線，讓我作出正確分辨。漸漸，我由最初著重思想層面和肉身掙扎，開始關注心路歷程及靈程，並信仰路與成長路之間千絲萬縷的關係。

我是神的兒女，這教導並不是抽象的命題，我接受自己只是血肉之軀，生命常經失敗、受傷，無助和脆弱。在維真神學院（Regent College）讀靈修神學時，我的靈性觀產生了基本的變化，除了坦誠承認靈命成長必然有缺陷和苦難，我更進一步學習放下自我中心和完美主義。我也更清楚地看見教會充滿了傷心的故事。

靈修神學使我明白屬靈操練和默觀禱告的重要性。在這方面，盧雲（Henri Nouwen）和梅頓（Thomas Merton）帶我走進了一個靈命成長的新領域，是親近和切慕神的，也是對世界充滿憐憫的。侯士庭（James Houston）博士教導的有關靈命塑造和三一神學，大大擴闊了我靈命成長的視野。對我來說，這是重要的屬靈驛站；我以前自以為看得清楚，後來才明白自己視力不足，我決定不再假裝完全看得見。

成立「靈根自植國際網絡」之前，我在教會和神學院推動靈命塑造和靈修作品閱讀。我的宣道會背景和我對社關的負擔，令我決意在聖經的基礎上，發展一個既重視靈性操練、又合乎世程的靈性框架。

生活於不公義及價值紛歧的社會，信眾的標準和眼光是如此不同，故起點和核心必須是親身體驗的靈性塑造。我不能獨善其身，必須有與我砥礪的同行者、對話盟誓的靈友，但實際上又怎樣活出來呢？我的理想是在一個共融的團契中去思想、讚頌、默想和分享。

年輕時讀到潘霍華（Dietrich Bonhoeffer）的作品，他說：「基督呼召我們前往並死去。」這召命是嚴肅的，也是重價的。但我們該怎樣去了解和詮釋重價呢？雖然殉道是效法基督或與主聯合的表達，但在今天套用，殉道有其靈性和政治的意涵。神學反省也要藉意義、召命和踐行來思考。

對神學家拉納（Karl Rahner）而言，共融是愛神、愛己與愛人三者結合不可分割的經驗。共融，是跟隨耶穌基督的人的信念，但更多是一個選擇、一種生活態度，以及一份愛弟兄與鄰舍的深情。在多次與學生和牧者的退省中，我經歷了在基督裏的共融和奧妙的神恩。我們分享著大家的靈程筆記時，心底是由衷的感恩和讚歎。

有時，我仍像以馬忤斯路上的門徒那麼沮喪悲哀，自植的靈修不是山上的甜蜜經歷，甚至不是和諧。掌管歷史的神並不是按我的時間表出席。在日常生活中誠實地觀看時，我發覺個人和羣體的故事交織成痛苦的網，我們都要面對成長的複雜。

在這緩慢的進程中，我仍堅持深耕細作的方向。在追求民主公義社會的聚會中，我曾和很多住在這裏的人一起呼喊、激動地表達訴求。我記得曾看過一幀手持燭光的小男孩相片，那是多美的臉龐啊！原來，我就是在此燭光中與你們共融！我不期然想起當年在梅窩衞理園的那個十字架。兩條彎曲的木，橫的、直的，都好像經過年月的洗禮而變得陳舊。然而，就是在這山頭上，我的生命經歷了永恆和不再一樣的改變。

我的靈程

崔妙姍

在生命中，人必須向前行，

但往後追溯，才會明白。

——祈克果（Søren Kierkegaard，1813～1855）

時間，委實奇妙，它能像潮退般淡化一切，卻也能像潮漲，於某個沒有預定的時刻，將往日所遇見的種種，不經意地在心靈間重新回放。歲月並沒有白白流逝，只是將我們在自己土地上所見過的風光，加以篩選，讓那短暫的一刻化作永恆。

生命中第一次靈性的觸動，是小學四年級的時候，那時因為品學兼「差」，我成了家中和學校的邊緣人。在接近自我放棄的一刻，獨個兒坐在學校的禮拜堂，我與耶穌基督展開了生平第一次的對話。

「主耶穌，真的嗎？主日學老師說祢愛小孩，更歡迎小孩到祢那裏去，連我這類被標籤為壞分子的小孩，祢也歡迎？」我垂下頭，心裏這樣發問。

回答我的，卻不是聲音，而是一道溫暖的光芒，從禮拜堂的一端延伸到另一端去。剎那間，我彷彿遇見了盼望之光，便立即起來，走出禮拜堂，投向一個作為女兒與學生的新的人生，以及與主耶穌建立嶄新的關係去。

歲月靜好，壞分子洗心革面，轉眼便要升讀大學。不知是否因為父母與師長的殷殷期望，還是自己的自大好勝，患了胃病。應考大學試前的幾個月，同學們都在奮力備戰，我卻臥牀不起。眼看不得不放棄考試，滿心不甘之際，再次面對面與主相見對話。

「主耶穌，請祢成為我的力量，假如我以這健康狀況應考，而能合格進入香港大學的話，我立志將餘下一生交託給祢，聽候祢差遣……」我閉起眼睛，心裏這樣立志。

今次的回答，也不是聲音，而是耀眼的陽光，射進房間、落在我牀上。

如此與主相遇的畫面，一幕一幕，不勝其數，陪伴我遊走山河歲月，品味生離死別的哀傷。

多年前，當母親離世時，我曾度過一段漫長黑暗的日子。我以為我在哀傷的汪洋浮沉過後，該可昂首出來，重新體味人生。可是，當父親、姊姊和外婆都先後回到天父懷中，哀傷的波濤再度翻起時，我原來仍在掙扎。往日和他們閒話家常、侃侃而談的畫面，清晰地定格在靈魂的深處。如今，換了個時空的場景，再看不見他們了，那是種深邃的空洞。究竟可以怎樣和他們交談？

一個晚上，我在默想耶穌受死的經文時，再度遇見耶穌。

我看見自己是其中一個門徒，站得與十字架出奇的接近，接近到甚至可以觸摸十架的地步。耶穌就在我眼前經過，祂背著粗糙沉重的十架走近，我有個衝動，想制止這一切。

人好像安定在那裏，心靈卻恍若落在萬丈碧波之中：慌亂、害怕、絕對的無助和痛苦。

忽然聽見耶穌喊叫說：「成了！」

我流著淚，蜷曲在十架前，抬頭凝望著十架上的耶穌。就在垂下頭來那一刻，赫然發現身旁竟是已離世的父母和姊姊，我們的眼光一致，注目十架。然後，十架上的耶穌離開了十架，來到我跟前，對我說：

「來到十架前，在我復活的能力蔭庇下，與你的所愛的家人談話、擁抱，這是我所喜悅的。其實除了肉身相離之外，甚麼也沒有改變過，你們仍是相親相愛的。來吧，把哀傷留在十架下，從今以後，靠近十架，在這裏相逢談心吧！」

不遠處，是堆篝火，等待著我們走近它，讓驚恐受壓的心靈得以歇息。

一
墜入：靈命成長的掙扎

1

誰能？我不能！

誰能救我脫離這屬於死亡的身體呢？

（羅七 24；《中文標準譯本》）

- 安靜默想
- 心情靈程記錄

- 閱讀

「罪疚感可癱瘓我們的靈性！」盧雲如此說：「我們的罪過和失敗是如此刻骨銘心，以致我們對自己毫無憐憫。那種使人麻木的罪疚感籠罩著我們，我們動彈不得。」

在改革宗影響下，華人教會建立起了基督教信仰的重要基礎；在救贖和成聖的教導上亦有重要提示，但不大接觸心理，或是身體學、性教育或大自然生態等課題。在源遠流長的歷史過程中，改革宗或許已被定義為只崇尚神主權和紀律的宗派。在重視行為的倫理學影響下，今天福音派教會結出了「我能」心態的果子。這好像是站在保羅呼喊的「誰能」的對立面。

「我能」過分強調修持，最後就是因過分的克苦自救而踏進了取死的邊緣！很多基督徒苦苦追求成長，但看不見在行為和品格上可以怎樣突破那種令人沮喪的苦況！罪過帶來的自責、羞恥感，甚至自我拒絕，可以是駭人的！因為我們不能赦免自己。盧雲說罪疚感使我們癱瘓，那真是很貼切！

不過，另一極端則傾向人性化的自憐、放縱身體，然後自我安慰。處於心理上追求舒緩、將問題外化（externalize）的一種狀態，人漸漸缺乏自覺，並不自覺墮入自欺的網羅！一下子，人由「我能」去到「我不能」了！當然，還有類似如基要派的泛靈化危機：甚麼都只用「神說的」、「神的旨意和命令」來解釋。這些缺乏分辨的靈性觀只會引我們入歧途。

相反，疑惑是尋覓的一部分，傷痛是認識生命的真相的必經過程，然而，拉拉扯扯，流轉又流轉，到底我要往哪裏去？這讓我們明白到，變好的過程未必是苦苦追求脫離或改正，在行為上使自己好看一點。

這段經文的重點是「能」和「救」，答案也很清晰，就是只有基督能救我。靜下來藏在磐石穴中，的確是重要的操練。然而，被救，看見生命的傷痛、罪過和裂痕，去到主前、聆聽到主的聲音，被祂撫平，那種平靜更要成為日常的操練。不要操之過急，那份無力與「不能」是會再出現的。要儆醒，十架約翰（John of the Cross）說：「夜，我們不能停止夜，也不能加以催促。夜來臨了，夜教導我們每天二十四小時，我們也不能完全操控。夜是常態。」或者，就是在此夜中，生命不知不覺中脫離了束縛。

- 最重要的發現、最強烈的感受、最有衝動要作的事

- 共鳴點滴：對心說話、告訴耶穌、告訴靈友

2

可以流淚

你回去告訴我民的君希西家說：耶和華——你祖大衛的神如此說：「我聽見了你的禱告，看見了你的眼淚……」

（王下二十5）

- 安靜默想
- 心情靈程記錄

- 閱讀

想不到在離島旅程的最後一天遇見你。多年不見，你似乎瘦弱了，但精神卻格外的好，你告訴我你終於做到真正的自己了。你說這話時，我清楚的看到你眼泛淚光。身為社工，你對工作有強烈的責任感，你對信仰和自己都有高要求，加上家庭的期望，你照顧父母之餘，還要照顧智障的弟弟，你曾說你沒有了自己，只是「為人而活」! 你對信仰認真，但你曾問：信仰幫到自己嗎？至於個人的掙扎，也不知向誰訴說。

你請我為你禱告時，我問：為你的甚麼祈禱呢？你望著我，我們四目交投時我想到你的悽苦！你說：「告訴神我雖然常常軟弱，但我仍想起神，請祂告訴我：祂明白我。這樣可以嗎？」你的聲音點哽咽；我在想，跟神說罷，為甚麼不說呢？哭罷，可以流淚的，神已看見了你的眼淚！

揮手道別後，我想到你不像以往一般的告訴我你的掙扎和痛苦。你似乎表現得更為堅強。你好像能與生命的掙扎更好的相處，不再害怕面對自己。但我仍很想告訴你——軟弱是可以的，也不要再革除自己的弱點，真心的流淚也是可以的。不要再說那些事若沒有發生就好了，不要一味的堅強啊。

那一年我是哭著走上講台的！事實是崇拜開始之後不久我就不停的拭淚。我在想到自己的各種掙扎。帶領敬拜的肢體在唱：「主啊！祢慈愛是何等的寶貴⋯⋯樂河的水，光的源頭……」我的內心在和應著：「主啊！祢的愛真是非常寶貴，主啊，我要活水。」上台了，我手拿著講章和聖經，心卻前所未有的空洞。神啊，祢必須和我一起去啊。就這樣，我經歷前所未有的神同在，心中還在流淚，但卻好像和聖靈一起宣講似的。

神知道，神看見，神說可以流淚，這樣真的足夠了嗎？但每一個跟隨主的人都要走自己獨特的屬靈旅程，因此，我們也不要太隨便或一概而論的說神知道或看見。不過，若眼淚是因誠摯的生命觸動，那必定是好的。

- 最重要的發現、最強烈的感受、最有衝動要作的事

- 共鳴點滴：對心說話、告訴耶穌、告訴靈友

3

可以傷心

他醫好傷心的人，裹好他們的傷處。（詩一四七 3）

- 安靜默想
- 心情靈程記錄

- 閱讀

聖經不是明說過，神來是要住在罪人當中；祂豈不是說：「有病的人需要醫生」？同樣，在詩篇及其他經文，神明言祂要醫好傷心的人。可是在教會中，我們竟然聽到「不要傷心了」，或類似「剛強一點⋯⋯雨後必有彩虹」這些話！我腦海中可能抑壓了太多抗拒這些說法的情緒。我想回應說：不要再向我銷售「屬靈產品」了。難道你說的我不知道嗎？難道我不可以傷心嗎？

由傷心到被醫治，這是個過程。因此，傷心的人的情緒不會一下子就消失的。良心仍在責備、內疚感在作緒、深層次的感受也蠢蠢欲動。我們雖然願意悔改認罪，神的應許也很真實，但傷心的感覺是無法揮之而去的。況且，傷心的來源也真是太多了，不是嗎？傷心的人的年紀、背景、遭遇，只要稍為想想，就明白其複雜性。

曾經和年青人談他們的傷心。其中最要命的是失戀——失戀真的太傷心了。在難捨難離，又或忍痛分手中，不僅是承受思想和感受的折磨，也是因為不被愛，甚至是情慾的需要而感到迷惘。那年曾關心她與男友分手。我記得她說：「我沒有選擇的餘地！我太愛他，也陷得太深了！」我說：「你真的被這份感情牽動得這樣厲害嗎？」她說了一番話，大概的意思就是她愛得很深。那時，我沒有告訴她，傷心怎能沒有私心呢？但對於她情感上的需要，我是明白的。

讀過一個有關台灣紫蝶幽谷的故事。蝴蝶在冬天大多躲藏在濃密樹林或是較溫暖避風的山谷中。當溫度過低時，蝴蝶會進入休眠狀態，所以是有冬眠的蝴蝶。但冬去春來，蝴蝶又再出現。這樣，傷心可以是休眠的邀請嗎？愛在永恆瞬間，曾經愛過也是真實的，但失敗、軟弱或身不由己所帶來的傷心可以是冬眠期嗎？

多年前，我和在讀小學的小兒子閒談時，他說：「神在天上，我們怎可以問神啊。」我回答說：「神也是在我們心中啊。」「那麼，就進入你的內心罷。」赤子之言有時確能彰顯真理。傷心人啊，神要裹好你的傷處，可能就是與你對話。你在聆聽祂的回應嗎？將躍動的思想化作禱告，在祂的同在中靜默、傾聽、細訴。

- 最重要的發現、最強烈的感受、最有衝動要作的事

- 共鳴點滴：對心説話、告訴耶穌、告訴靈友

4

墜入——為你

他本有神的形像，與神同等，卻不認為這同等要抓住不放。

（腓二6；《新漢語譯本》）

- 安靜默想
- 心情靈程記錄

- 閱讀

有一種墜入會使人完全失去信心和希望，有時甚至想到一了百了。被譽為用生命來歌唱的日本歌手中島美加唱過一首名為《一了百了》的歌。歌詞提到期待被愛，但心卻是空蕩蕩的，萬念俱灰。中島美加曾因患病被迫放下歌唱事業，但和很多人一樣，因為抓著的絕不能放手。這種心態使她進一步憂鬱。

中國詩人說「誤入塵網中」，但有一種墜入是由神親身演出的。耶穌基督的道成肉身，住在人間，最後走上十架，這是一次又一次的墮入，也是必須的墮入。《使徒信經》甚至形容主下到陰間，這真是最震撼的墮入！或者這行動是短暫的，正如有些聖經學者認為主耶穌在十架上只有六小時，但這卻是必需的。而這「必需」，是主耶穌為了你而作的。

福音派信仰的功利化使人否定過渡，排斥墮入；我們不願墮下，抗拒進入自己的心靈深處，反用各種知識、事工、忙碌來填滿。基要派的「只要信」或極端的隱修都是離地的信仰。這樣我們要心理學眾師傅來教導我們入世之道嗎？

聖經的詩人說，神從禍坑中，又從淤泥中把他拉上來（詩四十2），這禍坑和淤泥對每個人都可能有不同的意義和經歷。這些淤泥可能是個人的失敗，又或是別人帶給我們的重擔。對我來說，一次被人誣衊的經歷曾令我非常痛苦。我執著自己的清白和公平，不願放手。但無論如何，神要拉我們上來，脱離這些陷溺和纏擾。你到底需要神怎樣將你拉上來呢？

巴爾塔薩（Hans Urs von Balthasar）對神聖星期六（Holy Saturday）的詮釋，集中在過渡和真實的人生來詮釋。雖然處於十架與復活之間，神聖星期六的意義是不容忽視的。就如日蝕一樣，這天文現象是月球運行至太陽與地球之間時發生。當月球位於太陽前方，太陽的部分或全部光線都被擋住，太陽好像消失了。但地球上不同地區的人仍然可能會看見太陽。

看看自己的痛苦、遺憾，與它相處，帶著愛和諒解與自己交談；將交談的內容寫下來後再和耶穌交談。不要著急，再看內容一遍，然後告訴耶穌——那位配得你信靠，為你釘身，放下一切去徹底體會死亡的耶穌。

- 最重要的發現、最強烈的感受、最有衝動要作的事

- 共鳴點滴：對心說話、告訴耶穌、告訴靈友

5

曠野的舞台

他把樹丢在水裏，水就變甜了。（出十五 25）

- 安靜默想
- 心情靈程記錄

- 閱讀

摩西帶領以色列人從紅海往前行，到了書珥的曠野，在曠野走了三天，找不著水。到了瑪拉，因為水苦，不能飲用（瑪拉就是水苦的意思），百姓就向摩西發怨言；摩西呼求耶和華，耶和華指示他把一棵樹丟在水裏，水就變甜了。

其實神並沒有為難以色列人，在曠野遇到不能喝的苦水，是很平常的事。在曠野或沙漠裏，由於長期風吹日曬，低窪的水逐漸蒸發，令水中的無機鹽類像碳酸鈣、碳酸鎂、氯化鈉等濃度增高，甚至形成顆粒漂浮，這種水喝起來味道很苦。但是，苦是一種警戒，使人不敢再喝，因一旦喝了，輕者立刻生病，重者甚至死亡。

神怎樣處理這苦水呢？很簡單，祂使用一棵樹；把樹丟在水中，下墜，就徹底改善水質了，與現代的水質淨化技術竟然那麼不同。真神奇，那是甚麼樹？據英國列斯特大學微生物專家發表的，在中東有一種樹學名為「辣木」(Moringa oleifera Lam.)，它的種子內含有特殊的蛋白質，能使水中懸浮的有機物與無機物黏結在一起，連同水中一些鹽類與細菌沉入水底，澄清水質。

讓我們再想想：當年出埃及地的約有二百萬人，要讓二百萬人有水喝，水量需求很大，要淨化這麼大水量，也需要很多棵辣木，但神指示摩西取一棵就夠了；所以，神絕對有權柄超越大自然的律，甚至單憑祂口中的話，便能成就神蹟，為子民解困。

瑪拉的苦水突出以色列人的小信。他們幾天前才歡欣地過紅海，然後三天沒水喝就發怨言，這豈也不是我們的寫照嗎？我們不也是因「擁有」一百個神的賜福而感恩，但只是一個「失去」，就立刻懷疑神？是的，瑪拉曠野的一幕，不過是一個舞台，讓二百萬以色列人，共同演出歷代全人類的共同錯誤而已。

在默想中，讓我們反省自己對神的信心，尤其在困境中，我仍能堅持信靠神嗎？我們會向神說「主啊，人生中的苦水是不能避免的，但祢能使苦變甜，感謝祢的恩典」嗎？

- 最重要的發現、最強烈的感受、最有衝動要作的事

- 共鳴點滴：對心說話、告訴耶穌、告訴靈友

6

耶和華羅以／Jehovah-Roi

夏甲就稱那對她說話的耶和華為「看顧人的神」。因而說：「在這裏我也看見那看顧我的嗎？」（創十六 13）

• 安靜默想

• 心情靈程記錄

• 閱讀

這幾天，無意中想起了我少不更事離家出走的生命片段，心中充滿歉意。原來，聖經也記載了一個墜入莫大困境、離家浪蕩的女性事迹，她就是夏甲。她出身卑微，被撒萊苦待，最後更被亞伯拉罕趕了出來，流落在荒山野嶺之間，神的使者卻選擇在那裏與她相遇（創十六7）。

舊約中，神的使者是個奇特的人物。我們知道天使是神的傳話人或僕人（messenger），但神的使者與其他天使不一樣。當人遇見使者時，會像是回應神那樣回應使者。因此，學者認為舊約中神的使者，不是一般的天使，而是神自己臨在人間，以人可以明白的形像與人見面，正如漢彌頓（Victor Hamilton）在他的《創世記註釋》中，說明神的使者是"more a representation of God than a representative of God"（不僅僅是神的代表，而是神自身的再現）。

神的使者迎上夏甲，這包含神主動找夏甲、且終於找到她的意思。神的使者主動以她的名字來召喚她。我們要留意的是，在這個故事裏，亞伯蘭、撒萊都不以名字來彼此稱呼，當然也不會叫夏甲的名字。所以，這次是夏甲第一次被人叫她的名字，而且是出自神的口。

你聽得見嗎？神主動叫夏甲的名字，然後，又問了她兩個問題：「你從哪裏來？要往哪裏去？」（創十六8）神豈不是該一早知道她是誰、她屬於誰？耶和華好像在伊甸園裏問亞當：你在哪裏？要往哪裏？（三9）或祂問該隱：你兄弟亞伯在哪裏？（四9）難道神不知道？還明知故問？其實，神發問並不是要得到答案，而是為人提供一個他們可回應或回轉的機會。看看夏甲，她跟亞當、夏娃或該隱不相同，她老實回答，而兩條問題的答案都是一樣：她並不是要去某地方，而是要逃離一人。令人驚訝的是，神竟給予夏甲一連串應許：一個男嬰（十六10），取名為「以實馬利」，就是「神聽見的意思」。還有一點值得注意的，就是夏甲是聖經裏第一個接受神信息的女性。

再來看看夏甲的回應吧，那是多麼的果斷（創十六13），她直接稱呼那知道她名字的耶和華為「看顧人的神」（"You are Jehovah-Roi, the God of my seeing"）；祂是那位看得見她的神，也是她所看見的神；所以那口井名叫庇耳拉海萊，是「我的永活看顧者的井」的意思。

今天，你或許也在曠野路上，孤單一人，面對種種成長的挑戰與掙扎，但不要忘記，神是「看顧人的神」，只要你願意停下來，承認自己的需要，準會發現昔日遇見夏甲的神，原來也在你身旁，等待著你。

- 最重要的發現、最強烈的感受、最有衝動要作的事

- 共鳴點滴：對心説話、告訴耶穌、告訴靈友

7

再忙也要放慢腳步

心中安靜是肉體的生命。（箴十四 30）

- 安靜默想
- 心情靈程記錄

- 閱讀

在現今這個喧囂急促的世代，我們都走得太快。我們忙忙碌碌奔跑，努力填滿慾望，眼睛變得迷糊，耳朵變得遲鈍，以致忽略了多少身邊的景緻：雲卷雲舒、花開花落；我們懶得抽空欣賞。我們自小便被鞭策，得踏出疾飛的腳步，要贏在起跑線，要比別人先到一步，世人說這就是成功。於是我們在匆匆的人海中尋找自己的位置，卻也與身邊的一切擦肩而過。

無論怎樣，你是可以停下來的；你可以放慢腳步，走慢一點，等一等自己的靈魂。

請溫柔注視自己的心，看看那顆曾經單純清潔的心，現在變成了甚麼樣；層層虛假外皮的背後，是否只剩下無盡的疲憊和困頓；對於自己以外的事情，產生了厭倦、不為所動，也不願為身旁的人花一點時間、付出一點關注。

是的，無情的歲月或者已沾污了我們的感官，錯綜複雜的經歷或者已令我們變得冷漠，不過，切勿忘記，聖靈的印記仍在，祂能讓我們重新聆聽心靈的聲音、細味生活、與人同哭同笑、為每朵小花的綻放而歡喜、為每個生命的隕落而流淚。

今天就放慢腳步，聆聽心聲。我們的心情雖然多變，也常有情緒，但不要害怕，也不要誤會有情緒便是有問題。重要的是先要察覺它，進而接納它，明白情緒沒有好與壞之分，它們都是我們真實的感受。只有當我們認出我們情緒的時候，我們才能掌握它、了解它，也能為自己的情緒負責，不致被困。

我為甚麼生氣？為甚麼難過？為甚麼覺得挫敗無助……這都是快促步伐沒法接觸的層面，惟有安定你的心神、放慢你的步伐，合上你的嘴巴，以它成為你祈禱的材料，你將會聽到你內心的聲音，以及周邊的聲音。

此時此刻，你的耳朵聽到了些甚麼沒有？

- 最重要的發現、最強烈的感受、最有衝動要作的事

- 共鳴點滴：對心說話、告訴耶穌、告訴靈友

看看耶穌的眼睛

他們舉目不見一人，只見耶穌在那裏。（太十七8）

- 安靜默想

- 心情靈程記錄

- 閱讀

有這樣的一個故事，一條山間村落被敵軍佔領，敵軍的統領來找村長，要他交出窩藏在村裏的一個間諜。原來那村子裏真的藏著一個人，但他看起來善良仁慈，且為村民喜愛，橫看豎看也不像間諜。然而礙於敵軍的威嚇，村民性命堪虞，村長也不知該怎樣辦才對。

村長惟有將這事帶到村民委員會，又向教堂的牧師請教。牧師和同工花了整個晚上閱讀聖經，翻前查後地尋索，終於在約翰福音十八章找到：「……一個人替百姓死是有益的……」(14 節）作為支持交出「間諜」的印證。

那無辜的人被交到敵軍手中的那一天，村民的哀嚎聲在山谷迴盪，民眾久久不能釋懷。

二十年後，一個陌生人到那山村去，逕自走到村長跟前對他說：「你怎能這樣做？那人是神派來，要拯救全國蒼生的，你竟把祂交給敵人，讓祂受欺凌、遭殺害！」

村長自辯道：「我哪裏做錯了？那是牧師和同工一起查經後的結果！」

陌生人繼續說：「那就是你做錯的地方，光查聖經是不夠的，你們也應當從聖經抬起頭來。看看祂的眼睛！」

在聖經中，的確有很多人，如法利賽人、文士、祭司長等，都熟讀舊約，可惜只停留在字義上，卻從沒有好好的看過耶穌；他們所讀的也沒有介入他們的生命，知識反而讓他們自以為義，自把自為引經據典，卻讀不通耶穌降世，為要拯救罪人這真理。他們最終把耶穌釘十架，不是因為無知，而是出於他們的「有知」：知道得太多了。他們所擁有的知識確實豐富，但他們的自義反讓他們瞎了眼，心地昏暗了。

來到今天，我們也不見得有任何進步。迪勒（Annie Dillard）在她的作品《朝聖小溪邊》（*Pilgrim at Tinker Creek*）中曾這樣説：「真正看見的祕訣極為寶貴，甚於昂貴的珍珠。如果我認為『看見』可以教導我去發現它、永遠保有它，即使得赤足橫過數百里的沙漠，我亦在所不辭。」

是的，我們身處一個資訊爆炸的時代，神學課程、網上釋經、形形式式的工具書或軟件，為我們提供了研經的資料庫，大大滿足了我們的求知慾。然而，我們所讀的，究竟有沒有帶我們去看見耶穌的眼睛，或是摸得到耶穌的心腸，這仍是值得我們深思的。

- 最重要的發現、最強烈的感受、最有衝動要作的事

- 共鳴點滴：對心説話、告訴耶穌、告訴靈友

9

人心的黑暗

人心比萬物都詭詐，壞到極處，誰能識透呢？（耶十七9）

- 安靜默想
- 心情靈程記錄

- 閱讀

《蒼蠅王》（*Lord of the Flies*）是高汀（William Golding）於一九五四年的作品。「蒼蠅王」一詞出自聖經，由「別西卜」（*Beelzebub*，參考太十二24～27；可三 22～26）意譯而來，其意思是「昆蟲之王」。作者選用這個令人不安的詞彙，以表達「人類筋脈中的狂暴性與污穢物」。

表面上《蒼蠅王》是描寫一羣六至十二歲英國男童在核子戰爭的威脅下逃亡，飛機遭襲擊，墜於荒島。孩子們孤立無援，迫於開始獨立生活。開始時一切都順利，大家抖擻精神，選出首領，還以海螺作為精神象徵；又自發分配工作，建茅草屋，用椰子殼收集雨水作為飲用水，又燃燒木材生煙求救，過著類似《魯賓遜漂流記》（*Robinson Crusoe*）一樣「平靜」的荒島生活。

可惜平靜的生活不久便變調了：有些小孩謠傳島上有猛獸，大家變得惶恐且生騷動；有些小孩厭倦了每天吃果實、等候救援的日子，開始想到肉類的美味，於是當起獵人，獵捕山豬。原本融洽的羣體悄悄產生變化，終於分裂為兩派，首領也由一個變成了兩個，各自在不同山頭過活。

就是這樣，兩派的衝突愈來愈大，出現了肢體磨擦；未幾海螺被摔碎、一個名叫小豬的小孩被蓄意謀殺，一切都像山洪爆發般不可遏止。

全書充滿複雜的象徵手法，在虛構的時空場景，上演著一齣人性墮落的實驗劇。作者自己說這是個寓言，陳述人類那種為了滿足私慾與個人利益的原始人性，將一連串狩獵場面鋪陳至一個人類心靈黑暗的旅程中。

作者基本上主張性本惡，但也巧妙地設置了人性美善的一面，就是靈性。他以其中一個主角西蒙（Simon）為靈性的代表，他天性害羞，品性純良，喜歡獨處，常退到森林的矮樹間默想，卻最後被殺掉作為祭物獻給神靈。

全書只得一次提及祈禱，那是有人焚燒森林，要把為首領的拉爾佛（Ralph）給燻出來。整座島嶼在燃燒，火舌直撲拉爾佛。「他滾下溫熱的沙灘，兩手抱住頭顱以免受傷，一面祈求上天的憐憫。」原文只說"trying to cry for mercy"，沒有明言祈求的對象，卻突出人類面對危難祈求上天保護那與生俱來的能力。全書的結局就是救援人員發現跪在地上失聲痛哭的拉爾佛：「他為天真的失喪而哭，為人類心靈的黑暗而哭，以及為一個真誠聰明，名叫小豬的朋友從空岩墜落而哭。」

人類的善與惡，根本就是整本聖經的題材；而聖經也清楚明示，通向善的路只有一條，是嗎？

- 最重要的發現、最強烈的感受、最有衝動要作的事

- 共鳴點滴：對心說話、告訴耶穌、告訴靈友

二 遇見

10

從相遇看靈修

他們的眼睛明亮了，這才認出他來。忽然耶穌不見了。（路二十四 31）

- 安靜默想
- 心情靈程記錄

- 閱讀

麥奎利（John Macquarrie）說：「祈禱是一種熱情的思維（passionate thinking）。」熱情（passion）不是情緒，而是理性及感性的生命接觸，並是憑藉信心與神接觸的深度經驗。禱告也不僅是叫人重返內室，而是必須遇上在暗中察看的父。

剛開始在教會事奉時，在力不能勝的情況下感到耗盡，那時，我的靈修生活變得膚淺及缺乏內涵。原來我沒有好好的與自己的內心世界相遇。後來，我明白靈修不僅是全人（holistic）的，更是在心靈中禱告並經歷靈性的自覺（spiritual awakening）的過程。在安靜獨處中，我開始在自己生命中真正看見自己和基督。

教會可以有不斷進行的事工，祈禱會恆常為不同事工或信徒祈求，但我們卻未遇上耶穌，也沒有對個人生命實相的真正關注。就算我們關注靈命成長，目的也是功利化的，只希望事奉得力；但靈命成長與事奉得力，跟果效未必是成正比的。

靈修既是在心靈深處與主相遇，我們必須首先學習與自己相處。否則，不僅會因為事工忙碌而疏於與自己相處，更會被事工果效牽引而疏於面對生命真象，犧牲了與主相遇的時刻，更遑論面對一己的軟弱與過失。多少時候，火熱只是一陣子的情緒衝動，侯士庭認為，祈禱是藉著我們性格中的軟弱及傷痕而被吸引到神面前。我們必須打開雙眼，體認情感的受傷，並渴求醫治及救贖。

福音派的救恩觀偏重因信得生，於是我們少談全人的靈修或心情的救贖（emotional redemption）等課題。教會行政繁複，肢體需要亦多，於是牧者就成為十項全能的選手，埋身於事工而缺乏活潑的神性與人性。摩爾(Sebastian Moore)在 *Jesus the Liberator of Desire* 一書說，「在基督裏」是指神在我們思想、感受、敬拜、默想前，就已經住在我們裏面，只是我們太缺乏這種神同在的意識（awareness）。他又將靈性與宗教性（religiousness）或宗教（religion）界分，並提醒我們要更深的經歷神，而不要被宗教制度及形式侵蝕我們的靈性。真正的信仰不鼓勵事務式的禱告，而是藉著我們與神相遇，深化我們與祂的關係。

有些人歸咎於神學院偏重學術，將靈性(spirituality)與人性（humanity）分割，這並不是效法基督的應有表現。我受訓時學院的確缺乏人性自然流露的教導和操練；我們太早壓抑了我們的感受，沒有途徑讓生命的情感及理想發展成為真正的熱情（passion）。

真正的熱情源於耶穌基督，根於相遇，它本身已是可羨慕追求的目標。讓我們欣慰的是，祂從來都是主動與我們相遇，並向我們説話。或者你的確太疲於奔命，但祂卻依然在等，等你與祂邂逅、重燃生命的熱情。

- 最重要的發現、最強烈的感受、最有衝動要作的事

- 共鳴點滴：對心説話、告訴耶穌、告訴靈友

11

同去

我的美人，起來，與我同去！（歌二 10）

- 安靜默想
- 心情靈程記錄

- 閱讀

靈命成長是充滿盼望的，因為它意味著新的開始！可以開始，可以重新上路，總是好的。無論你過去經歷了甚麼，此刻覺得如何，讓我們聽到，也記得神對我們說：「我的美人，起來，與我同去！」祂在呼喚我們去體驗這份只有祂能給予的愛。

因著神的大愛及祂所賜的新身分和新關係，我們的生命不再一樣。與祂同去，我們也喜悅。若你記得與神的相遇，你也該記得與祂深刻而動容的對話，對嗎？祂是怎樣對你說「我的美人，起來」的呢？當你聽到這話時，你是否仍非常歡欣快慰？抑或那新生的喜悅已變得遙遠？這樣，你必須重溫祂對你的愛情。

從聖經及神學的角度，一切和靈命成長有關的學習和操練都由三一神作起點。祂就是那位說「起來」的神。靈命成長不僅是三一神的心意，也是由祂開始或啟動的一條新跑道。藉著聖靈的感動、聖子耶穌基督的救恩，一切都被更新了。我們本來被隔絕的生命重新歸屬於創造主，祂就是那位與我們立永約的救贖主，和引導祝福我們的真神。我們是在這基礎上起步的。

我成長的年代比較簡樸，老師和同學們習慣以書寫來提示或鼓勵。收到書簽並看到上面的簡單文字，心頭總會感到溫暖！就好像聽到他們在身邊輕喚：「加油啊！」「起來吧！」

「我的美人，起來，與我同去！」神這樣向屬於祂的兒女呼喚。祂啟動的是永恆的關係，並且，是這由神作出主動的關係，使我們的生命在愛中漸漸的被更新。昔日在寒冬似的生涯已過去，充滿生機似的春天正在等待我們。我們要讚歎：屬於神是何等的美好！這是超過理念所能明白的愛情啊！這也是超過知識或技巧所能掌握的。

由新生到徹底體會豐盛人生，你一步一步的前進，有時亦會倒退，但一切都充滿著盼望，因為是神對你說：「起來，我愛你。」我信主的日子已超過四十個年頭，但我仍渴望聽到神的聲音，對我說「起來」！今天、明天，每時每刻，我祝願你也聽到神對你說祂愛你，你也能衷心說：「我是祂的愛人，我永遠屬祂！」現在就安靜下來，聽聽主耶穌的聲音——祂對你說的心靈愛語。

• 最重要的發現、最強烈的感受、最有衝動要作的事

• 共鳴點滴：對心說話、告訴耶穌、告訴靈友

12

最美的歸屬

良人屬我，我也屬他。(歌二 16)

- 安靜默想
- 心情靈程記錄

- 閱讀

在聖經記載中，神不斷說我們屬於祂。無論你是否強烈的感受到你是神的子民或兒女，請你相信這親密的關係是真實的。祂對你說：「你是屬於我的。」我們也能由衷的說，「神屬於我」或「我屬於神」嗎？當我說「我屬於神」的時候，究竟相信的是甚麼？我們真正的感覺又是如何的呢？閉上眼，輕聲從心裏說一遍「神啊，我屬於你！」好嗎？

當神說我們屬祂，祂要堅定祂的約，並肯定祂的賜福。祂更對屬於祂的人直接說：「我就是愛！這愛不僅是犧牲的愛，更是神豐盛的救恩，使人因為這愛而體驗到生命的豐盛。」因此，神真的是我的良人、是我所愛的！

神是滿有恩慈的神！祂的愛情和祂的信實息息相關，祂的應許永不改變。祂的愛恆久而忠貞，祂也是我們的盼望。祂滿有憐憫，祂的名字是以馬內利。惟有祂來到這世上，住在我們中間，又注入千古不變的愛情，我們才能具體地體驗祂親身表達的信望愛。

所以，當我說我屬於神時，我的心感到被愛，我也滿心歡喜和大有盼望。我相信救贖的永恆價值，我相信祂的應許不改變。當我安靜與祂親近時，我相信祂的同在。雖然我未必常常感受到祂，但我相信，渴慕，並願意去經歷同在。

靈修就是經歷以馬內利的神與我們同在。事實上，我們也可以說，祂的名字是永遠，因為祂永遠愛你。祂與你同在的最重要的目的就是教導、引導、愛你和祝福你。其中一個祝福的途徑就是使我們成長。

我們可曾忽略了真正的親近神？若親近神是信、望和愛的靈程體驗，該是充滿動感的互相聆聽，當中亦有等候和空間。你現在是努力讀經禱告，抑或打開心門謙卑等候，開放生命和踏實生活？每一個動作都是重要和相關的。這樣，你將經歷屬於你的美好——在內室時對話的親密、在街上工作時的默契、在學習時思考的衝擊。然而，若你問：「甚麼是謙卑等候和開放生命呢？」我相信，當你這樣問，你已進入了靈修的門。

禱告吧！當你目睹生命支離破碎、身心疲累，嘗試放下手上的工作和心中的掛慮，與主交談一刻吧。然後在燭光中想起祂的恩慈！你是屬祂的！

- 最重要的發現、最強烈的感受、最有衝動要作的事

- 共鳴點滴：對心說話、告訴耶穌、告訴靈友

13

遇見與被遇見

拿但業對耶穌說：「你從哪裏知道我呢？」耶穌回答說：「腓力還沒有招呼你，你在無花果樹底下，我就看見你了。」（約一 48）

- 安靜默想
- 心情靈程記錄

- 閱讀

信主初期，我認定是我遇見了神，生命亦經歷了一百八十度的轉變；我即時放下了很多惡習，並決心跟隨基督。但我並沒有像拿但業那樣問：「你從哪裏知道我呢？」這是因為我把焦點放在自己怎樣尋找和得到主，並不知道是主先尋找我。現在，我明白，在我遇見主之前，祂已知道和看見我。原來我是被遇見的！

主說：「腓力還沒有招呼你，你在無花果樹底下，我就看見你了。」這裏有之前或早已認識你的意思。主好像對拿但業說：「很久之前，我就已經知道你，我早已想到你，我要遇見你。」這真是意想不到，大為希奇的故事。我曾遇過一些讀者和學生，他們早已透過我的作品認識我，當我們見面時，他們或許也有類似的感覺。

在日常生活中，遇見好像不是希奇的事，但真的要遇見，機會率是一半一半嗎？幾米的漫畫《向左走．向右走》是真實的，因為我們的遇見完全不在掌握之中。人生很多時候都是如此，但在信仰角度看，這或許不是最真實的。對屬於神的人來說，雖然被遇見的經歷是在神的掌握中，但我們要相信，那是主刻意的尋找和定意的遇見，而選擇權仍然屬於我們。那年在波士頓的冬令會，神藉著祂的道和肢體的交通來觸動我，為的就是要遇見我。

摩西看見火燒荊棘，那正是他人生的轉捩點，甚至可說是逆轉的時刻。我們可以視火燒的荊棘為神主動的顯現，為要遇見摩西。當摩西要選擇走過去看那大異象，他的生命才由此改變。

被遇見是很個人和獨特的。我相信在一九七六年決志信主前，主已看見我。在沙田信義會那小小的教會，當我在看姊姊指揮著詩班時，主已看見我；當我在大學校園和不同聚會中與人討論信仰時，主已看見我；當我在波士頓的冬令會山頭，由熱烈的討論到最後願意祈禱的那一刻，主都在，主都知道！

神愛逆轉，讓我們徹底明白是祂遇見了我們！

- 最重要的發現、最強烈的感受、最有衝動要作的事

- 共鳴點滴：對心説話、告訴耶穌、告訴靈友

14

真實接觸

凡被光揭露的，都是顯而易見的。

（弗五 13；《聖經新譯本》）

- 安靜默想
- 心情靈程記錄

- 閱讀

布赫納（Frederick Buechner）在他的作品 *The Hungering Dark* 中曾如此描述：

> 踏進課室那一剎，太陽的餘暉映照，坐在課室中的一羣學生準備上課之際，我將電燈關掉，在一片漆黑中，所有人都看見遠處的餘暉，在一片寂靜中，我們默默的在觀看黃昏日落，良久……

自然現象帶給人類的真實感是難以言傳的，當代的攝影科技一日千里，鏡頭捕捉的影像也非常逼真，但有一種真實感——默觀，就是在愛中凝視所帶給我們的感覺，卻更真實。在默觀中，那道光像透進我們的心似的，是最真實的靈修。或許我們可稱之為進到至聖所瞻仰神的靈修。默觀，即瞻仰，或默默和專注的凝視。之所以「遠象—洞見」（vision-insight），是因為深信創造的神要發言，要以道導引感動和釋放人的心。這視點或視界當然需要我們去聆聽和感受，也就是生命真正遇見神，是有血有肉的反省，是真的看見、明白、了解、觸動和更新。

對默觀者來說，他需要的不是效率或無誤，他要的是靜候與空間，他學習不去解決問題，因他知道解決（resolve）與真知道（realize）之間的分別；他不求解決，乃求解執。

在靜觀一己生命的苦與疚，在景觀世程引發憂生憂世的痛苦與遺憾，心靈的流浪、客旅般漫無目的及軟弱無助都真實的顯現。默觀者要學習勝過試探，也要洞悉試探的來源；在操練德行時，也操練歸心於神；他們的駐足點就是讚美、敬拜、默觀那位榮美的大君王！

《未明之雲》(*The Cloud of Unknowing*)的作者強調愛和意志的角色，其中的名句「舉起你的心來愛神」("lift up his heart in love to God")指的是心靈中專注和傾心的表達，提醒了我們渴慕在默觀禱告中的重要。從作者的背景和傳統來看，這心靈的愛是深邃的，是默觀的，所以所描寫的經歷就像默觀中那種出神(ecstasy)或神魂超拔狀態。但同時是愛在建立和鼓勵我們。這愛進到神的真實中，愛激動神，不斷使我們尋找祂、感受祂和觸摸祂。另一方面，這愛令神也好像被刺傷了一樣。

這一切經歷和那顆心，正是我們今天教會最缺乏的！如果我們能將這些經驗分享，就好像布赫納在有意無意之間，關掉了燈，讓人注視我們一直不察覺的，我們的生命將更寬廣和雋永！

- 最重要的發現、最強烈的感受、最有衝動要作的事

- 共鳴點滴：對心說話、告訴耶穌、告訴靈友

15

讚歎

因為萬有都是本於他，倚靠他，歸於他。願榮耀歸給他，直到永遠。阿們！（羅十一 36）

- 安靜默想
- 心情靈程記錄

- 閱讀

英國本篤修士格里菲思（Bede Griffiths，1906～1993）曾有一段時間在印度生活，努力促進宗教之間的和諧和互諒，並成為基督教歷史上一位偉人和智者，後被奉為使徒。有一次，他談到少年時的一件事情。那時他在太陽下山時趕路，心情跟平時完全不一樣。他聽到鳥兒鳴叫，看到一顆山楂樹，還有下沉的落日和黃昏的暮靄，內心充滿了因上帝臨在而生的敬畏之情。

這裏所指的，是一種攫住你、撼動你，且是面對真正偉大事物才會發出的讚歎。這樣的一種讚歎，就是真實貼地的經驗，觸及我們的感情世界，並引領我們到達自在、喜悅與憐憫的境界。

聖法蘭西斯曾經向一根草桿溫柔地鞠躬，還深受感動。對他來說，那是上帝以獨特的方式向他呈現的圖像。

其實我們都見過這樣的圖像。我第一個孫女出生大概一小時，我把她抱在懷裏，看著她的小臉、小手。她的小眼睛靈活轉動，小嘴微微張開，像要跟我打招呼似的——我那刻幾乎跪在地上，隆而重之擁著上帝的精心傑作。霎時間，時間彷彿停頓了，我的心靈被攫住了、撼動了，眼淚潸潸而下，久久不能自已。

或者你會想起某次遊歷黃山、大峽谷、大瀑布等無與匹敵的名山大川；又或曾陶醉於音樂、電影、名畫，到達忘我忘形的地步。那刻，上帝創造的偉大，上帝豐盛的臨在，簇擁著我們進到永恆的榮耀裏。心靈的撼動，大底盡在微聲而激動的讚歎裏吧。

我們的心真的會被撼動嗎？我們會真心讚歎嗎？事實上，我的基督徒朋友裏，心被撼動，開口讚歎的為數不多，善於描寫感受的更少。

曾經讀過這段文字：「（基督徒）只重腦袋與腦袋的交流、原則和思想的傳遞，我們忘了如何感受、如何嗅、如何觸摸、如何笑、如何哭、如何痛、如何舞、如何歌、如何掙扎、如何愛、如何反省……」（黎海華：《給你，我城》〔基督教文藝，1994〕）

讚歎始於感動，感動來自發現神在萬物中的足迹；每張面孔、每次邂逅、每片樹葉、每隻螞蟻、每塊閃亮的石頭，讓我們都細心閱讀，好領會神臨在的震懾。

- 最重要的發現、最強烈的感受、最有衝動要作的事

- 共鳴點滴：對心説話、告訴耶穌、告訴靈友

16

培養心靈的眼睛

半夜有人喊著說：「新郎來了，你們出來迎接他！」
（太二十五 6）

- 安靜默想
- 心情靈程記錄

- 閱讀

耶穌在這裏向門徒講解一件非常重要的事：「新郎來了，你們是醒著，或是睡著了？」

我們得要明白，耶穌與我們同在的經歷，是在我們平常生活中每個不起眼的環節中發生的；我們在哪裏都能看見基督、聽見基督，祕訣只得一個，就是時刻張開心靈的眼睛。

可惜，曾幾何時，我們都像夢遊般生活，在忙亂的鐘擺之間失去了視力，於是我們的眼睛就只停留在那些意料之內、或既定的時間表裏，絲毫看不見基督此刻就要進入生命裏這個事實。

迪勒曾說：「真正看見的祕訣極為寶貴，甚於昂貴的珍珠。」(《朝聖小溪邊》) 我們該怎樣操練視覺和聽覺？

一些短禱、經文或短歌，其實都能有效幫助我們聚焦在耶穌身上。我很喜歡背誦〈耶穌禱文〉(The Jesus Prayer)：「耶穌基督，開恩可憐我這個罪人。」它經常讓我意識到耶穌的同在。我也常誦念「我的心默默無聲，專等候神」(詩六十二 1)、「在主內，常懷感謝的心……信賴祂，就不用害怕……」(《在主內》，泰澤詩歌) 等短句。

每當我在刻板的生活中重複這些詩句時，我發現那就是我最可以放鬆的屬靈姿態，因為我看見耶穌就在那裏——在短禱裏、在經文中、在詩歌內。晚上就寢前，不妨花些時間反省當天的生活，或是回想那些叫我們感受到基督臨在的情景。

凡此種種，都能培養我們心靈的眼睛，直接加強主耶穌與我同在的意識，我們每天的生活也就不再一樣了。

每天節奏緊迫的生活步伐，往往奪去了耶穌與我同在的意識，到底是生活之中或心底的甚麼一直影響著我？想到這些，我有甚麼感受？主啊，我願意努力擦亮我屬靈的眼睛，求祢時刻提醒幫助。

- 最重要的發現、最強烈的感受、最有衝動要作的事

- 共鳴點滴：對心說話、告訴耶穌、告訴靈友

17

相遇、跟從

兩個門徒聽見他的話，就跟從了耶穌。（約一 37）

- 安靜默想
- 心情靈程記錄

- 閱讀

我們機構推動靈修課程有十多年了。第一課開始的時候，我們總是向學員強調，他們不是在學習另一套靈修方法，而是開始走上一條跟從耶穌的路。

正如歷代信徒的體驗那樣，當你信任一條路，且在這路上創造出自己的經驗時，才能了解所經歷過的事。你並不是獨自一人走在這條路上，有很多人跟你一起走，且有一個人走在你前面，那就是耶穌基督。你只有一個目標——歸向神。基督教信仰的獨特之處，在於它不僅是信仰，它更是一條「道路」，所以不能靠學習或流利背誦來追求這個信仰，你必須「自己」親自去走。

當你開步走的時候，必須張開你的眼睛仔細看，打開你的耳朵留心聽，沿途細看細聽，因此得要放慢腳步，卻同時保持警醒，就像主耶穌自己一樣。祂總是緩慢地走，卻仍遠遠超過我們當中走得快速的人。

請打開福音書中有關主耶穌生平的記載，可以是主耶穌所施行的一個神蹟、或是祂到稅吏家中作客的內容，然後慢慢走進這場景裏去，一面走，一面看和聽，就像站在主耶穌身旁，近距離的觀看和聆聽。保持緩慢的步伐，因為我們不是急於了解所有情節，或得出結論，我們只要保持警醒，對自己心靈的反應保持敏感，以及滿足於如此親近主耶穌。

這是條與主耶穌相遇的路，在路上，你大可以與祂交談、發問、聆聽祂的回覆，甚至讓祂觸摸和安慰疲憊乏力的心靈。

跟主耶穌一起走路，慢慢走，將要幫助我們在支離破碎的生活裏，重新建立內在的秩序，我們內在的「自我」會得到健全的發展，懂得放下，接受失敗；多想到別人、少想起自己……

在靈修路上的如此種種收穫，將拉闊我們的生命；我們看世界和看自己的角度，也將會更自由、更深入。

- 最重要的發現、最強烈的感受、最有衝動要作的事

- 共鳴點滴：對心說話、告訴耶穌、告訴靈友

18

改變生命的觸摸

因為她心裏說：「我只摸他的衣裳，就必痊癒。」
（太九 21）

- 安靜默想
- 心情靈程記錄

- 閱讀

聖經記載了一個患血漏的婦人，她排除萬難，遇見了耶穌，並觸摸耶穌，生命因而徹底改寫過來。

對猶太人來說，沒有甚麼比血漏或痲瘋更可怕的了，因為它等同不潔。利未記十五章25至26節這樣記載：「女人若在經期以外患多日的血漏，或是經期過長，有了漏症，她就因這漏症不潔淨，與她在經期不潔淨一樣。她在患漏症的日子所躺的牀、所坐的物都要看為不潔淨，與她月經的時候一樣。」

這十二年，婦人是怎樣生活的？與人隔絕、被人排斥的日子究竟是怎樣的？聖經並沒有記載她的名字，或者，她有沒有名字都沒關係。

然而，無名的她，決心要為這持續了十二年的困局，劃上句號。一天，悄悄地，她站到耶穌的背後；緩緩地，伸出手來，觸摸耶穌的衣裳（太九20），心裏的信念是：「我只摸祂的衣裳，就必痊癒。」就在那一瞬間，她的血漏真的停止了。

這婦人究竟知不知道這一摸會帶來甚麼後果？她這舉動足以讓耶穌成為不潔，而且耶穌的醫病和趕鬼等事工，亦要暫停，直至晚上。其實，耶穌何嘗不清楚這觸摸的嚴重性？祂卻選擇讓這絕望的婦人觸摸自己的衣裳；當祂轉身，面向這個滿臉驚恐、面露羞恥的婦人時，祂的第一句說話是：「女兒，放心！你的信救了你。」

耶穌眼中的她，並不是一個不潔的人，而是寶貴的女兒。十二年了，喪失了尊嚴十二年的人，恐怕連父母也沒有把她當作兒女看待，如今，卻從一個陌生人的口聽到了「女兒」的稱呼；失去多時的自尊、價值和身分，彷彿都回來了，那該是一種怎樣的激動？

更重要的是，耶穌不僅恢復她的人倫關係，而且賜她救恩，復和她與耶和華的關係，對於這多年被拒諸會堂的人來說，這種重新被接納的感覺，相信不是簡單的言語所能表達得清楚的。

或者你現在也在長時間的煎熬之中，願主耶穌轉過身來對你的呼喚，同樣觸動你的內心，讓你得平安。

- 最重要的發現、最強烈的感受、最有衝動要作的事

- 共鳴點滴：對心說話、告訴耶穌、告訴靈友

三／節慶：記念主

19

Sabbath

用十弦的樂器和瑟，用琴彈幽雅的聲音，早晨傳揚你的慈愛；每夜傳揚你的信實。這本為美事。（詩九十二2～3）

- 安靜默想
- 心情靈程記錄

- 閱讀

這是一首安息日的詩歌。且讓我們明白，安息不是在全速進程中的體驗，而是在慢速中學習放下。你説已盡了全力去使自己寧靜，努力要得到平安；但你有放下你的目標、擔子、對自己及他人的過分要求，又或是你的罪疚嗎？放下吧、安息是會臨到的。

安息是立約的記號，但我們有時會視之為沉靜無聲的一種狀態，不過，安息其實並不是全然沉默安靜的。猶太人重視安息日，對他們來說，安息就是安靜、聖潔和歡樂的節日。在古代，安息日是整個星期裏慶祝的一天，也是與家人、朋友、親戚和鄰舍一同度過的日子和時刻。事實上，整個猶太人的歷史說明了，他們為何要藉唱歌、跳舞和訴說神的恩典來慶賀神的救恩，因為這是千真萬確和歷代印證的經歷！

人在安靜呼求和敬拜時得安息了，因為當你全心全人投入禱告與讚美安息主時，你會發覺你不僅體會寧靜致遠的真實，你更會發覺神的同在。詩人說，稱謝祂本身就是美事，我們更要常常稱謝，視此為合宜和重要的。

新約提到，我們已得著安息，在基督裏我們已與神連結，一同等候和盼望主在我們生命中的工作，與弟兄姊妹合而為一，這超越地域及空間的安息實在是榮耀的大喜樂，當然是值得大大慶賀的事。

今天，安息日精神提醒我們，到底我們以何為樂。安息的功課就是學習不只以其他事物為樂。有時，我們甚至要學習將一切帶給我們喜樂的人和事都先放下，以享受安息為樂。這態度是重要的。安息就是祂在這裏，就是說明神的慈愛。原來這樣信靠和仰望也會帶給我們安息。那時你該明白，這不是你的努力，而是安息之主賜給你的安息。

跟隨主的人必須撇下一切手上的工和心中的思念，學習享受在神裏的安息。守安息日並不是規條，而是有護衛的意思，這也是將安息日分別為聖的意思。安息既然是神給我們的禮物，我們要好好看管和保守。可有嘗試數算生命中的恩典，將它們記錄下來，在獨處時大聲宣告，並高聲說「耶穌真好，耶穌祢對我真好，我要稱謝祢」? 是啊！你可以在心中默念：安息真好！

- 最重要的發現、最強烈的感受、最有衝動要作的事

- 共鳴點滴：對心說話、告訴耶穌、告訴靈友

20

人人的安息

摩西為人極其謙和，勝過世上的眾人。（民十二 3）

- 安靜默想

- 心情靈程記錄

- 閱讀

性格類型研究已非新事物，多年前我學習九型人格（Enneagram）時，已知道自己是四號仔，即屬於所謂藝術型，也屬於感情主導的人。積極方面是有情浪漫、直覺敏銳，消極的是太自我主觀。最吸引我的是四號的藝術氣質，因為我喜歡創作。我也不太抗拒四號的憂鬱，因為這種善於感覺或敏感，可美其名為善感（sentimental）和熱情（passionate）。不過，我知道我需要學習安息於神，而不要追求過分的唯美和獨特。

有人探討結合九型人格和 Myers-Briggs 十六種性格類型與屬靈操練的關係。若是安息人人可得，神也樂於賜予，我們還需要做這些有關性格的研究來幫助我們祈禱嗎？無論我們是甚麼性格，我們要留意的是人人都需要安息（Sabbath）。性格的了解學習只具參考性，並不能代替聖經的教導。

赫舍爾（Abraham Heschel）在他的名著《安息日的真諦》（*The Sabbath*）中的論調，皆指向經歷神在時光中的安息。畢德生（Eugene Peterson）重視安息的學習；他提醒我們，我們必須停下來，不要把自己看得太重要。但正如「每一天都是新的」並非理論，時光中的安息當然也不能流於空談。雖然真正明白操練的人或多或少能掌握在聖所隱密處的默念，並活出安息，但他們都知道安息不是可以論述的，人在觀看、仰望神，住在祂裏面，只能謙卑地說：「僕人敬聽。」

正因為體會神就是安息，安息就是存活的意義，在何處居停，在何時作何事，反而變得次要。梅頓批評的那些「『扮嘢』默觀者」(pseudo contemplative)是我們要引以為戒的。曾見過一些同道，他們的「風範」像是在告訴你應怎樣得安息的姿態。他們視安息為方法，完全不明白神賜人的安息，根本不能用任何一條方程式來規範，就像諮商員在面談時輕忽的說「擁抱你的傷痛」吧，這簡直跟安息的操練背道而馳！

生命的滿足，是忙而不亂、不爭競。無論你是甚麼型，鼓勵你實踐每日操練安靜、聽音樂、讀書、散步、深呼吸、對心說話，感謝神恩。

- 最重要的發現、最強烈的感受、最有衝動要作的事

- 共鳴點滴：對心說話、告訴耶穌、告訴靈友

21

為生命慶賀

這是耶和華所定的日子，我們在其中要高興歡喜！
（詩一一八 24）

- 安靜默想
- 心情靈程記錄

- 閱讀

若神同在，日日都是好的。平凡日子的靈修是最真實的。每日，從晚上到早晨，萬物都更新了，一切不知不覺，平常卻豐富。

曾滿足於使人激奮的各種聚會，當敬拜和立志的聲音不斷響起，生命的確經歷到那種澎湃。基督信仰的確是充滿慶賀的，但又不流於淺薄的官能感覺。所以，我一直不喜歡「神就是答案」的心靈雞湯式信仰。但福音派在「唯獨聖經」的基礎上，好像只能結出「聖經主義」的果子，又不能在踐行上體認信仰的真實。難怪有人開玩笑的說，福音派的「三位一體就是聖父、聖子、聖經」，聖靈不見了！

不過，福音派信徒似乎也沒有發現日常生活中靈修的真諦。當信仰變得太舒服，只追求官能上的滿足，又或者走向另一極端，就會變成鼓吹刻苦或功用性的信仰了。

思想一下拯救的日子，就是轉向神、定睛於神、藏在主裏的日子，看看蝴蝶在飛舞、雀鳥在舞蹈，花卉和樹葉在和應著，舞動著，感受一下身心的舒暢。平常，多好。當然，對那些高言大智的專家而言，莫測高深的隱修者，又或是著重靈恩的跟隨者可能覺得太平凡了。他們的慶賀是著眼於學識、隱祕、釋放和醫治嗎？

有神學工作者認為，禱告有不同形式，而默觀作為形式不能高高在上。我們首先要明白的是，默觀禱告不是形式，而是帶著愛慕的禱告，更不是人為的，而是出於神恩。有些人提醒我們，指出要作神學整合，以及反省更正教的傳統。但宗教經驗對天主教和正教傳統也是非常真實的，我們不要以專家自居啊！

熟悉密契的靈修傳統的羅雲·威廉斯（Rowan Williams）提醒我們：「教義並不是一組乾乾淨淨的定義，也非一些反對自由思想的東西。教義以言詞表達真理，但言語的有限令我們明白，有限的言語可以使我們在公共生活中，獻上禮讚和實踐相愛。」可惜的是，我們濫用了言語，也錯誤地以為神學整合只是在思維層面。

神學的整合要在神面前，也要在日常生活中，打開生命的苦澀、化不開解不明的哀愁。電影《美麗人生》（*Life Is Beautiful*）的場景是納粹集中營，但編劇透過主人翁在集中營的遭遇，表達出生命仍有可感恩和慶賀的地方，以及對神所定的日子仍可有想望和渴求。

- 最重要的發現、最強烈的感受、最有衝動要作的事

- 共鳴點滴：對心説話、告訴耶穌、告訴靈友

22

被擄者的敬拜

你們要安慰，安慰我的百姓。（賽四十 1）

- 安靜默想

- 心情靈程記錄

- 閱讀

有人說，耶穌從來沒有畫過畫，但古今中外聞名的畫家都畫祂；耶穌沒有寫過書，卻一直是無數作家筆鋒的焦點；耶穌沒有作過曲，卻是不少作曲家曲詞的泉源。不管是畫、是書、是音樂，只得一個信息：安慰世人坎坷、疲乏、孤單、被擄的心靈。

被擄的心靈，是詩篇一百三十七篇作者在巴比倫河畔一邊哭一邊寫成的作品。被擄的心靈，是以賽亞先知因希西家向巴比倫王子炫耀財富，以及漠視耶和華的醫治，於是內心感到極其傷痛時（賽三十九章），以被擄者的心境，以「安慰」和「悔改」信息為主題而寫成的四十至六十六章，其中包括精彩的「僕人之歌」，被新約作者引用作預表耶穌基督的受難（五十二～五十三章）。

還有米利暗被耶和華的大能俘擄，在紅海的彼岸帶領被贖百姓唱出「米利暗之歌」（出十五 21）；保羅和西拉被囚於腓立比監牢時，「唱詩讚美神，眾囚犯也側耳而聽」（徒十六 25），地大震動，人心也被震動了。

今天，我們那被擄的意識消失了，相反，心靈感到自滿，甚或自大；每逢看耶穌的畫、讀祂的書、唱祂的歌，往往從學問和技巧出發，彷彿耶穌成了研究的對象，卻忽略了我們內心的感動。

《我心靈得安寧》（*It Is Well with My Soul*）是我很喜歡的其中一首聖詩，它的作者是斯帕福（Horatio Spafford）律師。一八七三年，他的妻子和四個女兒從芝加哥前往英國時，遇上海難，四個女兒罹難，只得妻子一人生還。當斯帕福收到消息後，感覺神的手重重地壓在身上，他的心碎了，神既遙遠又陌生。幾天後，斯帕福到遇事現場憑弔女兒，他獨自站在甲板上，那是他寶貝的女兒幾天前曾走過的地方，他傷心欲絕。他在甲板那一刻，忽然感到神正在安慰他，告訴他孩子們已經在祂裏面，將來他們要在天上重聚。就是這種從天上而來的安慰和應許，俘擄了他破碎的心靈，他即時把內心的平安化成了這首詩歌。

我經常有機會帶領敬拜，漸漸發現，假如我從沒有試過被神的慈愛俘擄的話，我所帶領的詩歌，極其量只是些編曲或領唱的技巧，空洞無物，遑論感動人心這回事。

- 最重要的發現、最強烈的感受、最有衝動要作的事

- 共鳴點滴：對心説話、告訴耶穌、告訴靈友

23

與主共舞

亞倫的姊姊，女先知米利暗，手裏拿著鼓；眾婦女也跟她出去拿鼓跳舞。（出十五 20）

- 安靜默想
- 心情靈程記錄

- 閱讀

那是我第一次參與靈修舞蹈的課，想不到印象那麼深刻。

導師帶領我們先放鬆身體，安靜，祈禱，聆聽聖經，領受經文對我的啟示，感受神對我的愛，在安靜中感受自己身體和心靈的狀況。

然後音樂響起，是緩慢溫暖的聖詩，導師引導我們站起來，閉上眼睛，隨意擺動身體，接觸自己僵硬的四肢和繃緊的神經。擺脫了初時生硬的移動，我們漸漸好像接收到心靈的呼喚：「主啊，讓我全人來頌讚祢！」

我們一邊默唸經文，一邊跟著導師前後踏步、舉手、投足、旋轉……耳邊響起了「來，放開你的拘謹和操控，讓我的喜樂完完全全充滿你……」，那是與我起舞的主親自邀請我經歷祂的活潑和快樂，那是何等篤實的喜樂，叫人久久無法忘懷。

原本互不相識的學員，竟也投契起來，彼此融會於與主共舞的熱情之中。其實，聖經也不乏有關跳舞的記載：米利暗過紅海後在耶和華面前跳舞，還有一大班婦女加入；當約櫃交還以色列民族時，大衛也雀躍地起舞；詩篇的作者經常鼓勵我們跳舞歌頌神。

這讓我想起甘碧（Margery Kempe，約 1373～1433）的經歷，她曾談到舞蹈的救贖性形象，而且在她彌留之際，聽見耶穌深情地對她這樣說：

> 女兒啊，你很特別，是我所愛的，所以我答應你，你在天家要享有獨特的恩典……我會用釘痕的雙手，以無限的歡愉和樂韻，以及甜美的香氣，把你的靈魂從身體領出來，獻給我的天父。我會牽著你的手……和你在天家翩翩起舞……你是我重價買回來的，你是我寶貝。
>
> ——《瑪麗格之書》
>
> （*The Book of Margery Kempe*）

是的，耶穌不只在我們刻板苦悶的生活中與我們起舞，更在天家與我們繼續共舞。試想像那一天我們身穿白袍，迎向在天家門外等待我們的主；祂面露笑容，伸出手來，與我們展開那永恆的舞蹈。

走筆至此，我忽然想起我所愛的、卻已逝去的親人，彷彿看見他們正在與主共舞，享受著救贖主的擁抱。像甘碧一樣，他們都是主的寶貝，是「重價買回來的」，全因祂那雙曾被釘在粗糙木頭上、釘痕的手。

- 最重要的發現、最強烈的感受、最有衝動要作的事

- 共鳴點滴：對心説話、告訴耶穌、告訴靈友

24

無法喜樂

你們不要憂愁，因靠耶和華而得的喜樂是你們的力量。
（尼八 10）

- 安靜默想
- 心情靈程記錄

- 閱讀

在天堂，喜樂是重要的事。

——魯益師（C.S. Lewis）

神無法忍受我們不歡樂、不喜樂的態度；祂不喜歡我們帶著悲傷、自責、匆促甚至羞愧的心情吃東西。祂透過日用的飲食呼召我們喜樂，在工作日中保有歡樂的心。

——潘霍華

生命中最寶貴的東西，都是無價，也是我們無法製造出來的，比如快樂、健康、平安、親情、愛情、友情，以及生命的際遇等。可惜當我們擁有它的時候，我們總不會好好珍惜和加以使用，反而著眼於那些我們沒有的：外貌、錢財、名譽、權力等，終日耿耿於懷，無法喜樂。

其實喜樂是與生俱來的，只是我們失落了；耶穌來到我們中間，就是要在我們心中重新燃點喜樂的火花。

看著我們的兒孫，便充分明白這道理，他們擁有豐富的生命力，靈裏無限自由，重複做同樣的事，仍能全情投入，樂在其中。有一次，我們和兒孫玩「火車穿山洞」的遊戲，他們總是說：「再一次」，於是我們再做一次；男孫甚至推著大狗，要牠跟著我們穿「山洞」。來回幾趟，我們筋疲力盡，他們仍然樂此不疲，嘻哈大笑。

成年人對於單調的事，無法感到喜樂，是嗎？不過，單調的事卻讓神感到大大歡樂。想想神創造天地時，祂可能每天對太陽說：「再一次」，每天晚上對月亮說：「再一次」；創造雛菊時，每朵都長得差不多，祂卻是一朵一朵、重複在造，從不厭煩。神要我們與祂一同喜樂，像詩人這樣說：「太陽如同新郎出洞房，又如勇士歡然奔路。」（詩十九5）這擬人法句子除了生動活潑外，還表達創造主那永不消褪的喜樂：單單因為存在而喜樂，單單因為知道存在是多麼美好而喜樂。

我們喜樂嗎？我們身旁的基督徒喜樂嗎？愛爾蘭文學家喬伊斯（James Joyce）在《一個青年藝術家的畫像》（*A Portrait of the Artist as a Young Man*）描寫主角決定不作修士，是因為他看見那些信徒的嘴臉：「從他們陰鬱的臉可以看出他們這天過得很沮喪……虔誠的表情透著微紅、被壓抑的憤怒。」

多少時候，我們誤解了神，以為是祂把我們造成冷酷、憂鬱、沉悶，卻忽略了神既然厚賜百物，豈不也把喜樂賜給我們？

我們不要低估喜樂，喜樂是力量；失去喜樂，便失去力量，尤其是面對著生命中的各種試探。只要我們對自己的生活感到一絲喜樂，也必定更有能力去勝過試探。

我們都可以成為喜樂的人，不然聖經不會提醒我們要喜樂。要記著，喜樂是學來的，我們必須對自己的喜樂負責。

- 最重要的發現、最強烈的感受、最有衝動要作的事

- 共鳴點滴：對心說話、告訴耶穌、告訴靈友

25

天地謳歌

諸天述說神的榮耀；穹蒼傳揚他的手段。（詩十九1）

- 安靜默想
- 心情靈程記錄

- 閱讀

晨曦時分，窗外朦朦朧朧，乍看起來還早得很，大大小小的雀鳥已在睡房的窗外聚集，吱吱叫鳴起來。其實牠們並不是今早才出現，而是每早晨定時定刻便會唱起歌來，好像要催促世人，好好迎接另一個新穎的早晨似的。

我轉了個身，剛想多睡一刻，卻又被雀鳥朋友弄醒，怎樣也睡不了，索性下牀，到客廳晨更去。正想安靜預備心靈的時候，雀鳥聲又響起了，今次不在窗外，而是好像在煙囱的頂端。總之，就在耳邊，音色清脆，抑揚頓挫，害得我亂了心神，跟著牠們的歌聲去了。

我祈禱說：「主耶穌啊，現在我與你相會，請吩咐牠們靜默片刻吧，讓我專心讀經禱告。」來來回回，我等牠們靜下來，牠們卻仍舊高歌，愈吵愈烈，我的心開始煩躁起來。

正想用意志力專注下來的時刻，心中忽然浮現一幅圖畫，那是法蘭西斯（Francis of Assisi，1182～1226）向雀鳥講道的情景：

> 有一天，法蘭西斯和他的同伴上路，在旅途上看見很多雀鳥在路的兩旁棲息唱歌，他告訴同伴說：「你們在這裏等我，我要向我的鳥姊妹傳道去。」
>
> 他開口講道了，說：「我的姊妹，你們受

> 上主太多恩惠了，所以你們一定要隨時隨地感謝上主。為了祂給你們自由在天空飛翔，給你們衣裳、河流和泉水止渴、山谷遮蔭、高樹築巢……你們不用耕種不用收割，上主就餵飽你們。你們雖然不知如何縫紉或編織，上主就幫你和你的後代製好了衣服。上主如此愛你們，對你們滿是恩惠，因此要永遠讚美上主。」
>
> ——《小花》（*Floretti*）

鳥兒被他的聲音和伸出來的雙手深深吸引著，大羣大羣的圍繞著他，竟然一隻都沒有飛走，而且紛紛唱起歌來，鏗鏘悅耳，叫人神往。

我想得入神，鳥鳴聲由遠而近，穿過煙囱，進入我家，直達我心坎深處。原來牠們一早飛來邀請我一同謳歌，為生命喝彩，我竟懵然不知。

那是心靈震撼的一刻，我心靈的耳朵彷彿清澈了、心思彷彿玲瓏了，內心好像進入悟境；從這一刻起，我學會了從創造的觀點去看世界，從狹隘的自我世界，擴展到另一寬廣無垠的領域。當我禱告歌頌的時候，原來我是與天地萬物生靈同慶賀。不管是清早晨光，還是晚照斜陽，大地與我同雀躍歡欣，以它獨特的聲線發出美韻妙音。啊，這心靈的自由，隨時隨地謳歌頌讚的自由，但願都是我們所嚮往的！

- 最重要的發現、最強烈的感受、最有衝動要作的事

- 共鳴點滴：對心說話、告訴耶穌、告訴靈友

四

品嘗生命——都市靈修

26

嘗靜

我若能説萬人的方言，並天使的話語，卻沒有愛，我就成了鳴的鑼，響的鈸一般。（林前十三 1）

- 安靜默想
- 心情靈程記錄

- 閱讀

多少時候，説話的聲音只像空氣一樣！我們迫於無奈地選擇了安靜的聲音（sound of silence）。但當人與人之間只能用虛假的言語相交，聲音是沒有意義的，因為聽到的只是一些不能溝通的噪音，正如歌唱組合西門和加芬高（Simon and Garfunkel）所形容的：

... And in the naked light I saw
Ten thousand people, maybe more
People talking without speaking
People hearing without listening
People writing songs that voices never share ...

我們活在一個充斥著聲音的空間，人羣熙來攘往，但我們卻聽不到他們的心聲！我們在人羣中穿梭著，但找不到真正的傾聽者，也疲累得沒有聆聽自己的心聲。然而，聽不到並不是沒有聲音，而是因為有太多聲音，又或者，發出的聲音全無意義。在呼喊聲中，我們只聽到因分貝過強的噪音，而無法聽到真正的信息。感謝神，祂是說話的神，祂也樂意與我們溝通。

只要細心聆聽，我們會聽到祂的聲音——在聖言、萬物及在人羣中。神是我們的好友，祂側耳而聽，你也要學習專心的傾聽。

那樣，傾聽是個怎樣的動作？保羅的提示是愛。聆聽原來是一個愛的動作。有人說，傾聽是一個接近和親密的動作，因為這樣，你才會聽得清楚。在靠近的姿勢和關懷的態度中，我們突破了那種使人窒息的安靜，進入真正溝通的氛圍。

聽啊！大海在說話，羣山在說話，小溪在說話，一朵正在開放的小花在說話，風在說話……但我們總說聽不見。聽啊！你的鄰舍在說話，街上的一個老人在說話，嬰孩在說話……如果傾聽大自然的聲音是沒有意義的話，傾聽別人的心聲，特別是我們所愛的人的心聲，我們總該聽到的，對嗎？

我們活在一個極需要被聆聽的世代，讓我們聆聽神，並對主說出此刻最感動我們的那句話。同樣，聆聽自己和他人，說出心底的回應，也很有意義。

讓我們學習：

1　安靜的進入心靈深處，留意你的心對你說甚麼及傳遞甚麼信息。

2　專注聆聽，人或事都如在眼前。

3　用心察看情緒和思想。

4　告訴神你愛祂。

- 最重要的發現、最強烈的感受、最有衝動要作的事

- 共鳴點滴：對心說話、告訴耶穌、告訴靈友

27

品味與自主空間

我們不拘是猶太人，是希臘人，是為奴的，是自主的，都從一位聖靈受洗，成了一個身體，飲於一位聖靈。（林前十二 13）

- 安靜默想
- 心情靈程記錄

- 閱讀

自主就是自由的、不被約束的。

我們這個時代的先行者，按其志向和榜樣參與建設社會；這不僅建立社會的硬件，他們的生命在其中亦得著塑造。這些先行者承傳了品味和價值，然而，社會的一些新一代卻缺乏人生目標、失去承擔與堅持，缺乏品味及自主性，在社會中有如置身狹窄的空間，動彈不得。

人有品味，城市亦然。中國的風景都有特色，但某些都市一味追求高檔，卻充斥著低俗品味事物。有一次，遊重慶，發覺城市硬件跟各大都市一模一樣，走在路上卻沒有自由自在的感覺，好像是被迫去觀賞這一切。品味，可能就是營造建構一個使人感到自在的空間，不過，如果缺乏軟件，效果可能很不一樣。

品味是生命取向，是價值選擇，更是生命本身。品味和真理，跟良善有密切關係。應用在信仰或靈修方面，品味就是心靈的投入，是委身，並視之為美好的、正確的、真實的。

跟靈性相似，品味不是被灌輸的觀念，而是跟人生走過甚麼路和嘗過甚麼有著密切關係。不少人經歷過不能得著滿足的事，或嘗過生活的苦味，於是開始尋找神的旅程。他們的品味改變了！詩篇二十三篇1節說明，只有神令我們飽足，因為我們的牧者就是真善美的源頭。

品味真理需要時間，馬太福音六章提醒我們，要進到內屋獨處。我們以不同言詞來形容品味，如嗅覺、味覺、觸覺的品味，但最重要的是用心、用性，以真以誠的去品味。這是信徒要親身經歷的。

基督信仰談的，不僅是物質空間，也是心靈空間。談品味而不談空間，是沒有進入內屋去預備好自己，全人投入的與神相遇，且好好欣賞和品味這關係。如喝茶一樣，水溫、茶色、茶味、茶香都重要。靈性的不同面貌和深度，是要慢慢品嘗的。在日本旅遊時曾嘗過很出色的懷石料理，除了食物的味道、擺盤藝術和刀工細緻外，日式餐廳的設計、美觀、舒適、上菜過程的空間感，以及侍應兼顧到的細膩度都非常重要！

信仰若停留在品行與果效等討論，而不談品味與修養，就會失去典雅、雋深的視野。有品味的靈性能逐步邁向締造神聖的空間，品味默觀生活的真實。每個人都可以自主欣賞和品味。不過，如何引導信徒和社羣欣賞唯美與簡樸生活也很重要。這樣，如何欣賞藝術、音樂，活出淡泊人生，怎樣住在貧窮人中間，與大自然及眾生的共融等靈性實踐，仍然需要加強。

香港經歷多變，各種不公義和試探讓靈性的深受衝擊。面對複雜的處境和心靈需要，要培養品味和建立靈性殊不容易，但若有適合的土壤和空間，自主性和想像力就會提升，使我們漸漸從物質化、消費主義和營營役役的生涯中覺醒，漸漸聽到生命的呼召。

- 最重要的發現、最強烈的感受、最有衝動要作的事

- 共鳴點滴：對心說話、告訴耶穌、告訴靈友

28

品味神聖

因此，我們自從聽見的日子，也就為你們不住地禱告祈求，願你們在一切屬靈的智慧悟性上，滿心知道神的旨意……（西一9）

- 安靜默想
- 心情靈程記錄

- 閱讀

以建築學的看法來看品味，不難留意到古代建築學都著重空間，如哥德式的建築物，或內部有類似天窗設計的，都有點天啟的意義。著名的建築如巴黎的聖母院座落在塞納河旁一個極大的空間。在猶太文化或基督信仰的建築中，亦有「聖域」與「世俗」空間的明顯劃分。

因此，現代建築強調空間及場所不是沒有原因的。有空間，我們不單可以主動起來、創新，更可以重新為生命定位。大和民族重視空間，從建築到室內設計方面的呈現都非常出色，室內就是連小小的玄關位置都顧及！

靈修學者沙席（Philip Sheldrake）不單把植根於地方（place）與我們的身分建立連繫起來，並提及地方與神聖空間的關係。他認為基督信仰的靈性觀是與記憶、文化、跟生命主體故事有關的。換言之，這空間是個要求我們委身和歸屬的空間，其實是超越物質性的。他又引用殉道、修煉、密契和聖餐等例子，以說明超越地域及空間的意識和感覺。

品味和空間的關係密切，但說到底，品味不僅是建築或個人的唯美或欣賞力，同時是個人與羣體自主地攜手建立的空間。古代，這空間可能在教堂或修院，現代人的空間則是在人文都市中塑造美好的生命。

品味與靈性塑造，跟我們生活的處境與人羣是相連的。讀華人文學作品，看到二三十年代或六七十年代在中國和台灣委身於鄉土的那一羣人，感覺強烈。那些青年自主和甘心走向祭壇，帶著遠象篳路藍縷的追求自由博愛公平等。他們的身影仍然是清晰的。他們未必是甚麼偉大人物，但他們單純的赤子之心卻儼然是神聖的最好說明。

有一次人在高雄，想到六龜育幼園走走，最後都沒有去。但在網上流傳著六龜育幼園孤兒唱的那首詩歌——《看不見的雙手》——卻在我心間縈繞著。除了那位指揮，觸動我的是那對創辦的夫婦，他們扶養了一個親戚的聾啞女兒，並開始了照顧原住民孤兒的生涯。

在香港，一次使我激動慟哭的經歷，是來自一羣以行為藝術表達訴求的青年，他們跪在雨中的姿態、不亢不卑的樣子，我永遠不會忘懷！品味，就是如此神聖！

- 最重要的發現、最強烈的感受、最有衝動要作的事

- 共鳴點滴：對心說話、告訴耶穌、告訴靈友

29

共鳴與共融

無論做甚麼，或說話或行事，都要奉主耶穌的名，藉著他感謝父神。（西三 17）

- 安靜默想
- 心情靈程記錄

- 閱讀

想像你站在一片原野、一幅名畫、一件古董、一隻小鳥、一個陌生人前面，你可會察覺，你看到的那物件或生物，原來它/牠/他也在看著你；在你們之間，存在著特別的化學作用。你想看到的，其實在你心裏也必定有一件相應的東西存在：如果你想要看見那物件的形體、顏色或動作，你的內心就必定存在這顏色、形體或動作，提醒你某時某地曾見過它們，彷彿今天浮現眼前，在你心中激起某些漣漪或共鳴，與你的內心世界彼此呼應。

美國著名作家梭羅（Henry David Thoreau）曾這樣問道：「如果我內心沒有森林，我有何權利在森林駐足呢？」

如果你和我能夠更深入走近自己的內心，我們將會更深入探究這個世界。如果我們要體驗此刻存在的世界，以及在其中的事物，就必須投入其中；當我們愈投入生活，定會在每事每物中察覺到自己，包括反應、情緒、思想和意見，而這些都可以成為禱告和默想的素材。

這抽象嗎？事實上今天大部分人或基督徒，都沒有認真投入生活，對於周邊發生的事，大抵存著事不關己的態度；就是信仰，或許停留在「道理的開端」，從未想要「竭力」成長。信仰好像超越我，或是我身邊的事物，卻沒有包括我自己本身。假如某種信仰完全不涉及內心和個人的話，這不是信仰，充其量只是宗教主義而已。

相反，投入內心深處，從那裏看清楚當下的生活，投入生活，並熱愛生活；同時察覺心情，注意心思的起伏，並轉眼向神傾訴；點點滴滴，凡事看見主，你將會慢慢發現，祂正透過每事每物向我們顯現，並在我們內心孕育無言的共鳴與共融感。

主啊，幫助我們踏實生活，經歷祢隨時的臨在。

- 最重要的發現、最強烈的感受、最有衝動要作的事

- 共鳴點滴：對心說話、告訴耶穌、告訴靈友

30

晨間思緒

耶和華啊，早晨你必聽我的聲音；早晨我必向你陳明我的心意，並要警醒！（詩五 3）

- 安靜默想
- 心情靈程記錄

- 閱讀

清晨醒來，我總會靜靜的留在牀上一會。第一個出現的念頭是：「感謝天父，我又可醒來，開始新的一天。」然後，不同的思緒，隨意在心頭流轉；這時的我，最單純、最原始、最真實，甚至最脆弱。卸下了所有防備和界線，敞開心懷，聆聽自己的內心和人生的聲音，領受從上而來的信息。

每個清晨，我們都會獲得一個重要的信息：這是神聖的一刻，也是值得我們重視的一刻。只要我們稍不留神，此刻即逝，白白給交付予忙碌的日程；斷送了一早醒來的寧靜片刻，錯過了多少把觸心靈脈搏的時機。

第一個湧上心頭的感受是甚麼？我們是否氣憤、受傷、鬱結、感挫敗、恐懼或混亂無比？這感受準是我們在忙碌日程裏試圖逃避的情緒，雖然我們知道這就是我們需要專注面對和解決的問題，可是我們卻好像有心無力。

第一個浮現的念頭或想法是甚麼？是急於完成的工作、要探望的親人、度假的安排、子女的學業、經濟的壓力等？

我們是否心煩意亂，面對當下景況總覺一籌莫展？腦海中是否充滿負面的想法，無法排遣？是否需要疏理一些人際嫌隙或無意的誤會？

還是想起那個特別愉快的經歷，好想繼續陶醉其中？是否再次接觸到那次被諒解和饒恕的釋懷，心靈因而滿得舒泰。

醒來的時候，不管腦海浮現的是甚麼，都不要害怕，也不必倉促行動。只須靜靜地躺著聆聽，溫柔接受這個信息和啟發。

接受，就是讓這些思緒繼續向我們發言，從而讓我們更準確地捕捉心靈的狀況。無須逃避，也無須抗拒，讓聖經的話語輕輕浮現，引導我們將注意力轉到神話語的能力和應許去。

如此靜下來，讓耶穌的光芒輕柔地照耀在我們，和我們剛才的思想或感覺上。在這光中，行動與否，放下與否，似乎已經不再那麼重要了。

- 最重要的發現、最強烈的感受、最有衝動要作的事

- 共鳴點滴：對心說話、告訴耶穌、告訴靈友

31

庖廚裏的朝聖者

你們親近神，神就必親近你們。（雅四 8）

我們要把自己的心打造成私密的小教堂，可以不時退到那裏，平靜、謙卑又充滿愛慕地與神相交。（勞倫斯弟兄：《清修庖廚中》〔*The Practice of the Presence of God*〕）

- 安靜默想
- 心情靈程記錄

- 閱讀

五百多年前，一位名叫勞倫斯弟兄（Brother Lawrence，1605～1691）的信徒，曾問一個永不過時的問題：

> 人們四處尋求愛主的方法。為了能一心安於神的臨在，不惜千辛萬苦……如果我們能不分貴賤，就在我們所生活的環境中，盡心盡力為神作任何事，來顯示我們對神的愛，不是更近一點嗎？將我們的心共融於祂的心內，如此安居於祂的臨在，不是更直接嗎？我們實在不用東忙西找的，只要慷慨地做，簡單地去做便夠了。

做甚麼？就是將禱告與生活結合，而禱告的目的，是為了愛神，與愛我們的神更深結連，以致我們最終能體會，禱告就是生活的核心。

勞倫斯弟兄生於貧寒之家，只做過士兵和侍應等卑微工作，內心卻渴慕服事神。他進入修道院後，以為可以在聖壇前服事，誰知成了廚房雜役，終日與柴米油鹽、杯盤碗碟作伴。

然而他並沒有怨天尤人，反而將庖廚轉化成他朝見神的地方，三十年如一日：

> 我們都可以為神做些瑣事，我在鑊中翻轉

> 煎餅，是為了愛神。如果沒有其他事情要我做，我就跪在祂面前祈禱，因為祂賜我恩惠去工作；禱告完畢，我站起來，內心會比任何人都喜樂……即使我從地上拔起一根草來，我亦感到心滿意足。

生活/工作與禱告原是銀幣的兩面，嘈雜與安靜也原為一，屬靈屬世並不對立，最重要的是我們要在日常生活中開闢神聖之處，時刻看見神的面。

- 最重要的發現、最強烈的感受、最有衝動要作的事

- 共鳴點滴：對心説話、告訴耶穌、告訴靈友

32

學會感恩

凡事謝恩；因為這是神在基督耶穌裏向你們所定的旨意。（帖前五 18）

- 安靜默想
- 心情靈程記錄

- 閱讀

我們有沒有想過，生命的樂章因著「感恩」的音符，才不致於平庸。

學會感恩，是每個人人生的雕琢；學會感恩，才不致浪費生命的饋贈。

學會感恩，生命才會顯出本身的意義，綻放異彩；學會感恩，平淡的日子才會成為雋永。

感謝朝霞劃出了黎明，感謝明月照徹了夜空；感謝日升日落，容我簇擁明朗的心懷，且於困乏之後獲得鬆弛和休憩。

感謝春夏秋冬周而復始的陪伴，為世人刻板的生活平添煦煦和風、紅桃綠柳、皚皚白雪、碩果纍纍的喜悅；感謝大自然的壯麗，放眼高聳入雲的蒼勁大樹、教人著迷的名山大川、嶙峋巍峨的古樸懸崖，感謝造物主的創意和慷慨，造就了普天同讚的無限美好。

還有數不盡的親人朋友，何不懷著一顆感恩的心，去看待周圍所有的人：對於那些對我們寬容有加的，讓我們心存感激；至於那些傷害我們的人，即管視他們為磨練我們的意志、激勵我們成長的助力吧。

張開雙手，領受感恩的種子，有一天它要結出仁愛、喜樂、和平的果子來。學會感恩，它是生活的智慧，足以轉化破碎的生命，化冰雹為春暖，化腐朽為神奇。

活到今天，為甚麼我們對於人生路上種種的際遇仍耿耿於懷？為甚麼仍無法存著「感恩」的心來面對？或許，只有學會感恩，我們才能體味生命的甘醇。

相信沒有人甘於一生平庸。那麼，讓我們舒展胸懷，讓霏霏細雨洗刷心靈的雜質。凡事謝恩，讓我們的胸襟更寬廣、活得更自由。

- 最重要的發現、最強烈的感受、最有衝動要作的事

- 共鳴點滴：對心說話、告訴耶穌、告訴靈友

五

渴慕：沒有神，是不可能的

33

我渴了

我渴了。（約十九 28）

- 安靜默想
- 心情靈程記錄

- 閱讀

「我渴了！」這是十架七言其中的一句。這是身體也是心靈的渴。耶穌本身是活水泉源，祂在住棚節呼召口渴的人到祂那裏去喝（約七 37～38），那麼為何祂會渴了呢？這是耶穌一個最後的 reminder 嗎？若是，他在提示甚麼？

人的心靈一定會枯竭，因為信徒沒有盛載活水的器皿，而用來承載的器皿早已破裂。他們所汲取的只是沒有養分的水，徹底忘記了神是生命活水的泉源。

古人掘井，必先確定那是清潔可飲用的水，現代人無需掘井，飲用的常常是對身體有害的飲料。但我們竟以為只要有盛載的器皿，問題便可解決，卻沒有想到已失去了真的活水泉源。

我們不僅忽略了真正能盛載的器皿，耶利米先知提醒我們，這破裂的池子實際上是人自己鑿出來的。那樣，究竟我們為自己鑿了甚麼池子呢？從現象觀之，我覺得當代信徒的池子可能是完美主義之池、自我證明之池或野心之池。

對基督徒而言，聖靈就是耶穌的靈感與精神。如果我們渴慕和依靠聖靈生活，我們的生命會源源不斷地結出果實，並會感受到這才是真正的水源，我們眼中不會只有自己，而是被那更深廣和偉大的生命源頭滲透。

依靠聖靈之泉生活的人不會這麼快就乾枯，這個泉源是永不枯竭的，因為它源於神。

讀經、禱告、敬拜讚美，個人靈修、羣體崇拜等，都是今日教會所有宗派共同認定，讓我們的靈命得滋養的泉水。而仰望為信心創始成終的基督，跟隨主作門徒，認信三一真神和在信仰中親身體驗，也是同樣重要，沒有人會反對。但有些獨特的靈修操練是在教會歷史中逐漸形成的，這些屬靈財產亦在教會歷史的發展中有著不同的承傳，許多在基督新教中沒有給存留下來。

有些教會似乎誇大了聖靈的工作，只追求超然的屬靈經歷；也有一些教會提倡避世的操練，只談到「內在」的生命；還有一些重視靈修工具的教會，鼓吹只要三、四十日就可脱胎換骨的靈修操練。我們實在要小心，我們掘出來的池子是不是破裂的？！

在泰澤（Taize），我們認識年紀輕輕就離開香港往那裏去的修士，他數十年都在那裏和其他人共融禱告。他渴了，他在喝！我們難忘和他的分享，但更難忘那天晚禱時特別以粵語祈禱的那一刻！

我們的屬靈操練又是否和聖經所説的效法基督吻合，抑或在建造破裂的池子？

- 最重要的發現、最強烈的感受、最有衝動要作的事

- 共鳴點滴：對心説話、告訴耶穌、告訴靈友

34

小子的信仰

小子們哪，你們要住在主裏面。這樣，他若顯現，我們就可以坦然無懼……（約壹二 28 上）

- 安靜默想
- 心情靈程記錄

- 閱讀

大學時代是信仰奮進的日子！雖然傳道書作者說「讀書多身體疲倦」，但我當年的追求確是十分奮進。除了教會的主日學和團契，還參加各類型聚會、討論，常常探訪和傳揚福音。我喜愛讀自傳、聽見證，以及跟別人分享，這一切都激勵了我，那是一段非常寶貴的經歷。

若渴慕與參加聚會的次數成正比，我在青年時代可以說是非常奮進的！初信後一個月就讀完了新約，不久便努力讀舊約，依照老師的教導，每卷書做分段。讀完了整本聖經，然後學習歸納性查經。我漸漸發覺，學識的加增與靈性的成熟並非成正比。我最初捧著厚厚的聖經字典和釋經書時，天真的以為甚麼也有答案，也認為神就是答案，因為祂解決所有問題。

在敬虔、真心、熱情過後，我留意到自己品格有很多瑕疵，內疚之餘，也很苦惱。原來心意更新變化和實際生活中的行為之間，可以有這樣大的差距！及後很多年，甚至到了今天，那「改」——無論是悔改、修正，還是困擾著我。或者是因為我對「住在主裏面」還未真正認識和體驗。「住」的動力在於恭敬的聆聽聖言，也在於在聖餐桌前聆聽——耶穌說：「我的肉真是可吃的，我的血真是可喝的。」(約六 55)——且深信祂住在祂所愛的人裏面。

發現自己生命的軟弱和過犯，並因罪而自慚形穢和害怕，其實是正常的。然而我們對神的形像要有正確的看法。神的聖潔和美善不在於令我們無地自容。事實上，祂要的只是清晰透明的你。到底我們接受的是理性、包裝完整美觀的信仰，抑或是知性及靈性上仍有很多不足的信仰呢？我們在很多課堂上和同學們談他們的苦罪與傷痛，那些真實的生命故事委實太感動人了！

親身去體驗的信仰，就是你生命的故事，沒有甚麼微言大義、釋經，或系統性的神學，但那些經驗卻如此激動人。只要你住在祂裏面，縱然仍感到害怕，始終會一步一步體會「坦然無懼」的。

- 最重要的發現、最強烈的感受、最有衝動要作的事

- 共鳴點滴：對心説話、告訴耶穌、告訴靈友

35

心靈的隱．基底

大衛從那裏上去，住在隱．基底的山寨裏。

（撒上二十三 29）

- 安靜默想
- 心情靈程記錄

- 閱讀

我們的心靈總得有個「隱．基底」。

當日，大衛為了逃離掃羅的追殺，在基伊拉、西弗等山地躲藏，最後到了一個名叫隱．基底的曠野，大衛便住在那裏，得著喘息的機會。

隱．基底究竟是個怎樣的地方，被大衛選上了作為歇息之地？原來那裏是個泉源 ，土地肥沃、花草茂密、風光旖旎，説它是乾谷中的綠洲，一點不為過，還有一望無際鳳仙花，實為當地的居民，特別是牧羊人，經過長途跋涉、勞碌工作之後，心靈最渴望的美地。只要他們一踏足那裏，心底就好像觸摸到一抹安詳的寧謐，讓疲憊的身心得以安憩下來。

大衛不也是在隱．基底那裏得著力量和盼望，身心得以恢復過來？聖經記載大衛領著跟隨他的六百人，出了基伊拉，「往他們所能往的地方去」（撒上二十三13）。掃羅一點也不鬆懈，一再尋索大衛，耶和華卻保守大衛，不將大衛交在掃羅手中。

最後掃羅追至瑪雲曠野，四面圍困大衛，看來大衛無處可逃，誰知非利士人壓境，掃羅不得不班師回朝。就在這千鈞一髮之際，大衛得以脱離險境，離開瑪雲曠野，前往隱．基底的山寨去。

大衛被困於曠野時候的心境，實在不難想像：在「乾旱疲乏無水之地」，還有希望嗎？還可以如何走下去？

就在隱．基底，大衛投在耶和華的懷中，向耶和華呼

籲：「神啊，你是我的神，我要切切地尋求你，在乾旱疲乏無水之地，我渴想你；我的心切慕你。」（詩六十三 1）

我們當前的景況又如何？也許我們正置身於種種厄困之中，心力交瘁、希望幻滅，且讓我們抬起頭來，看看隱・基底那遠遠近近的泉源、朦朦朧朧的鳳仙花，配合大衛渴想耶和華的詩句，讓這一切在我們心靈深處交織；且讓「我以我良人為一顆鳳仙花，在隱・基底的葡萄園中」（歌一 14）深情的切慕，重燃失落了盼望。

維克托・弗蘭克爾（Viktor Frankl）曾說過類似的話：盼望，有使人活下去的力量。是的，作為納粹集中營的倖存者，維克托・弗蘭克爾固然有條件說出這樣的話，因為與他一起在集中營的同伴，不一定是身體軟弱而熬不過集中營的日子，而是他們失卻了盼望。

活在當前這個不安的世代，讓我們在眾多負面的喧鬧聲中，切切尋得賜人安息和盼望的上帝。

- 最重要的發現、最強烈的感受、最有衝動要作的事

- 共鳴點滴：對心説話、告訴耶穌、告訴靈友

36

凝視基督

你們要思念上面的事，不要思念地上的事。（西三 2）

- 安靜默想

- 心情靈程記錄

- 閱讀

讓我們來默想耶穌基督對我們的愛：祂現在就站在你面前，凝視著你。

這是屬靈偉人之一大德蘭（Teresa of Avila，1515～

1582）最喜愛的操練，她說這就好像與好友親密分享，也是與「那愛我們的人獨處，重點不在想得多，而是愛得多」。她又鼓勵我們「凝視祂在凝視著你」，而且還加上這兩個形容詞：祂是「懷著愛心與謙遜」凝視著你。大德蘭多麼希望我們能感受到，耶穌對我們的那份「愛心」和「謙遜」；我們要操練的，就是設法讓祂的「愛心」和「謙遜」感動我們的心靈。

凝視祂、留意祂是懷著怎樣的愛來凝視你，以怎樣的謙遜來凝視你。這個看起來很簡單的動作，對不少人來說，都是不容易掌握的。我們或者從來沒有想像過，耶穌滿懷著愛來望著我們是怎樣的，或者對我們來說，耶穌的愛只屬聖經的記載，似乎並沒有親身體會過；又可能在我們的認知中，耶穌是個嚴厲的人，即使祂愛，祂都是愛「好人」而已。至於「謙遜」，就更抽象了吧，耶穌看見這些罪人，怎會謙遜呢。

如果是這樣的話，我邀請你今天好好凝視耶穌，請細看並思想以下事實：耶穌成為僕人，洗門徒的腳，甘願為愛我們而受羞辱，最終死得像個奴僕或罪犯。聆聽祂向你說：「我接納你，你無需改頭換面，或變得更好才能得到我的愛；當下的你，就是如此的你，已被接納和愛著了；就在你決心改過之前，已愛著你了；只管來接受我這愛的凝視就是了。」

請留心看，凝視祂眼中的愛、體諒和謙遜。大德蘭說有一位信徒，長時間這樣凝視和祈禱，別人問她何以能堅持，她說：「我只讓耶穌愛我便是了。」

- 最重要的發現、最強烈的感受、最有衝動要作的事

- 共鳴點滴：對心說話、告訴耶穌、告訴靈友

37

耶穌禱文

那稅吏遠遠地站著，連舉目望天也不敢，只捶著胸說：「神啊，開恩可憐我這個罪人！」（路十八13）

- 安靜默想
- 心情靈程記錄

- 閱讀

讓我們看看路加醫生筆下的這個稅吏，他自覺滿身罪污，沒有膽量站在法利賽人中間，無奈地遠遠地站著，低著頭，連舉目望天也不敢，一味捶著胸說：「神啊，開恩可憐我這個罪人！」短短十多個字，卻突顯了他內心那極度沉重的慚愧。

這就是我們現今熟悉的〈耶穌禱文〉的由來，十分精簡，但涵蓋了基要的基督信仰。有學者認為，三、四世紀的沙漠教父及教母將〈耶穌禱文〉廣泛地應用於信徒中間；最後由五世紀的戴奧德克（Diadochus）將之發展，一直沿用到今天。

到了十世紀，聖西緬（St. Simeon，949～1022）將〈耶穌禱文〉發揚光大。原來聖西緬十四歲時，看見了一個異象。他看見天上一道大榮光，把他從身體分開來；他異常興奮和喜樂，同時又感到極度卑微，即時喊出稅吏的禱告說：「主啊，開恩可憐我這個罪人！」自始以後，每逢聖西緬誦唸這稅吏的禱告時，心中自然湧出無比的喜樂。後來，他開始教導門生，常常誦唸〈耶穌禱文〉，就是這樣，〈耶穌禱文〉世代相傳於各地的修道院之中。

到了十三世紀，〈耶穌禱文〉在希臘的阿索斯山（Mt. Athos）生根，當地的西奈的貴格利（St. Gregory of Sinai）教導學生〈耶穌禱文〉的祈禱姿勢，引導信徒將禱告植於自己的心靈。如今，除了《使徒信經》之外，最能聯繫基督宗教，包括東正教、天主教、聖公會及重視禮儀的基督新教，恐怕就是〈耶穌禱文〉了！

我們要明白，〈耶穌禱文〉不是幫助我們集中注意力或使身體放鬆的方法，更不是一種基督徒的瑜珈或超覺靜坐；它是指向那位道成肉身的耶穌基督，祂是我們的救主，也是我們呼求的惟一對象。祈禱從來都不是方法，它是我們心靈的一條路，讓我們走在其上，通向耶穌，要是將它抽離這個基礎，它便會變得毫無意義了。

耶穌基督啊，開恩可憐我這個罪人！阿們。

- 最重要的發現、最強烈的感受、最有衝動要作的事

- 共鳴點滴：對心說話、告訴耶穌、告訴靈友

38

凡事都可行

凡事都可行，但不都有益處。凡事都可行，但不都造就人。（林前十 23）

- 安靜默想
- 心情靈程記錄

- 閱讀

每天我們都在做不同的選擇，對嗎？回想一下，往日所做過的選擇，原來造就了今天的你。沿途捨棄了甚麼、放下了甚麼，都鋪成了你現在走著的路。

我不知道你是否這樣，年輕時，有的是青春，總覺得凡事都可行，大有我喜歡如何便如何的風範。現在長大了，才看清可行的事當中，不一定都對我有益，幸好那時沒有選上，暗暗舒了一口氣。

究竟我們是憑甚麼原則來做選擇的呢？

曾有門生請教依納爵（Ignatius of Loyola，1491～1556）如何作選擇，他回答說，很簡單，只選取那些你認為最能讓你服事神的；祕訣就是，要時刻記住神賜予我們生命的原因，就是要我們讚美祂和事奉祂；接著就是在祂的恩典中度日，活出豐盛的生命。

依納爵非常看重人生中所遇到的每種境遇和每次機會，因為它們都是塑造我們屬靈眼光的原材料：我們所遇到的每個人、每件好事壞事、每次失敗、每番挫折……都含有獨有的價值，在我們的成長路上佔有重要的位置。至於那些妨礙我們靠近神的，便該努力摒除。但如何分辨和選擇呢？

選擇是牽涉取與捨的。假如我們明白依納爵的教導，便會掌握到取與捨的原則，就是凡能夠讓我學效主耶穌的榜樣，特別是祂爭取時間與父神相交這方面，便是我該取的。凡將我的心思從跟隨神轉到滿足自己私慾的，便是該捨的。於是，我們從此不再按自己的喜好，或這事是否對我有利來作抉擇，而是以讚美神和服事神這大前提入手。

我們對於每事每物的看法漸漸改變了，它們本身有價值與否，全決定於我對它們的態度，我無須再借助它們來確定我的重要性或社會地位，我也可擺脱以往對它們的執著和倚賴，享受真正的自由和滿足。

不管我們年紀有多大、做過的選擇有多少、選對選錯的比率如何，今天開始，以讚美神和服事神作為抉擇的原則，一點也不會遲。

- 最重要的發現、最強烈的感受、最有衝動要作的事

- 共鳴點滴：對心説話、告訴耶穌、告訴靈友

39

上主的邀請

你們一切乾渴的都當就近水來；沒有銀錢的也可以來。你們都來，買了吃；不用銀錢，不用價值，也來買酒和奶。（賽五十五 1）

- 安靜默想
- 心情靈程記錄

- 閱讀

靈修，就是接受上主的邀請：祂邀請我們親近祂，以便賜給我們生命的恩典，就是祂自己。但願我們深深明白主是樂意將自己給予我們（羅八 32），只要我們接受，祂就施予。

魯益師在《四種愛》(*The Four Loves*) 中這樣說：「恩典替代了那份我們需要完全的期望；單純歡愉的被接納，卻為我們帶來一種完全信靠的喜悅。」當恩典的福音充滿我們內心時，我們會發現手上的所有都是由神而來的禮物，是祂豐富的賜予：才幹、學識、經驗和所擁有的，無一不是從神那裏領受的；就是生命本身，有眼能看、有耳能聽、有手能摸、有心能愛，全是恩典。我們的心靈從而經歷神的同在，又能感同身受體諒他人的景況，都是神慷慨的賜福，甚至連我們對神的信心，都是神的恩典，就像奧古斯丁 (Augustine) 所言：「就算我們轉向神，也是神所賜予的禮物。」

上主的邀請，就是邀請我們體會自己是蒙愛、蒙憐憫的，我們根本沒有任何本事去賺取這份愛，或做任何事使自己配得這份愛，因為這份愛就是恩典。

或者，你現今正疲乏、軟弱，落在過犯，甚至懷疑之中，讓你沮喪，心緒不寧，覺得神已遠離，但請千萬記得，上主每時每刻都在邀請你在那裏重新開始。讓神的恩典「來撞擊我們」(Paul Tillich, *The Shaking of the Foundations*)，神的恩典會像一道明光，射進我們心中的黑暗，剎那之間，我們會聽見：「你就是我所邀請的對象，你是被接納的，你無須做些甚麼，你無須再努力一點，只要單單接受一個事實：你是被接納的。」這就是我們的靈修，就是神恩典彰顯的時刻。

有一個古老的傳說，描寫一個信徒跪下祈禱：「親愛的神，我一生只有一個渴求，請祢與我永遠同在。」神聽見他的禱告，大笑回答說：「我不是已經賜了你這恩典嗎？」

怎樣開始？誠實及謙卑地去到上主的面前，你只要緊記祂不但已經發出邀請，還不斷邀請，你一定可以持續親近祂。

- 最重要的發現、最強烈的感受、最有衝動要作的事

- 共鳴點滴：對心說話、告訴耶穌、告訴靈友

40

我並不是不知道

神是個靈，所以拜他的必須用心靈和誠實拜他。

（約四 24）

- 安靜默想
- 心情靈程記錄

- 閱讀

「舉起手來啊！讓我們敬拜和歌頌啊！」台上聲嘶力竭的呼召幾乎都成為噪音了！我不排斥現代敬拜，但一下子好像要接收太多帶領者的信息了，更何況，那感覺就是：「你們的渴求還不夠熱烈⋯⋯」我當然不是不知道渴慕神的重要性。三四十年了，詩歌班還是唱著：「當轉眼仰望耶穌，定睛在祂奇妙慈容，在救主榮耀恩典大光中，世上事必然顯為虛空。」難道我不知何謂轉眼嗎？相對而言，《禱告》的作者鄭楷寫的詞更為真誠：「有些事我只想要對祢說，因祢比任何人都愛我；痛苦從眼中流下，我知道祢為我擦。」他真的知道。

大學時代，我和一羣男生組職了一個男聲四部合唱小組，雖然那時還是很真誠並用心去敬拜，但自我感覺良好並太著迹的自我表現，相信當時有不少人都留意到。我不是不知道心靈誠實的重要，但那種在台上和被肯定的經歷太好了，可幸還沒有完全墮入表演主義的陷阱。我參加過傳統的詩班，唱過福音民歌，也喜愛現代樂器伴奏的敬拜。但我不明白的是，「用心靈和誠實拜他」，原來是在靈裏去敬拜祂（worship in the Spirit）。

敬拜祂，必須擺上心靈，誠實渴求祂的同在，被祂帶領，與祂同渡。鄭楷的敬拜是真誠的，因為他認識的神正正是聖經所描寫的。有些人愛說，要以聖潔的裝飾來到神面前，我並不是不知道。但這些人可能誤解了聖潔是好行為或最佳狀態，忘記了是神將我們分別為聖的。

後來，鄭楷在詩歌短片網頁上寫了以下這段文字：「……我清楚知道不是我寫的，當時十九歲的我只是非常難過，走投無路，禱告……拿起吉他，邊哭邊唱了出來，這首歌是神親自安慰我的。」我相信這是聖靈的恩膏在他生命中的工作。

他又說：「……不管我是十九還是三十歲，都是祂寶貝的孩子，祂都了解我的難過，我的心情，我的軟弱，我的需要……我繼續哭，因為我看到神藉著這首歌幫助了那麼多人，那麼多人藉著這首歌能夠有勇氣來到愛他們的父神面前。十九歲的我不懂這些，只想到自己，但今天的我又再一次的被這首歌安慰了，真的是一首很好聽，很有恩膏的歌，不是因為我，是因為我的神。」

我參加過不少大型小型的敬拜聚會和培靈聚會，音樂的配搭和帶領者的水平的確是重要的，但會眾真誠和盡力投入敬拜讚美和禱告中，我們同樣會經歷到神的同在。而帶領者呢，只要是心靈誠實和謙卑的呈獻，那是會讓人產生真正的渴慕的。

- 最重要的發現、最強烈的感受、最有衝動要作的事

- 共鳴點滴：對心說話、告訴耶穌、告訴靈友

六

我看我城

41

城裏的月光(一)

因為客棧裏沒有地方讓他們住。

(路二 7,《現代中文譯本》)

- 安靜默想
- 心情靈程記錄

- 閱讀

又是萬家燈火的晚上。靜坐於窗前聽音樂和書寫已成為多年的習慣。對街的房子燈光人影隱約，在這樣的城市，我罕有的看到城裏的月光。和很多人一樣，我只是在穹蒼下生活的平凡人，在經歷著人生的冷暖。默默細想走過的人生路，我既感激生命，但也心痛。我想大抵所有人的故事也是這樣吧。

城市人忙碌依然，日落後仍勤奮工作的人只看到霓虹燈的光。萬家燈火依然，但能和家人朋友共聚談心的畢竟是少數。節期是全家聚首的時間，但多少時候也只是一起娛樂花費的時間。舉杯邀明月畢竟只是詩人的心願，現實生活卻並非如此。

童年時那份對農曆新年的喜慶感覺仍很清晰，特別是放鞭炮。到清明、重陽，我們便往掃墓，但好像一點哀傷也沒有，畢竟祖父母在我們出生前都已離世，上山時帶著一份感激，下得山來，更有點像踏青了。中秋節特別吸引；我記得童年時度中秋雖然只吃一小塊月餅，用柚子的皮做燈籠，但那份滿足非常踏實。長大後，帶著孩子到父母家與他們過節，孩子們玩的燈籠精美，照明的卻不是蠟燭，而是以電池充電的小燈。

父母離開後，這種春節家庭團聚和類似中秋的情境也愈來愈少了。

今天地球村上人與人之間的隔膜依然。人月兩圓或團圓成為奢談。中國人喜吃湯圓，取其好兆頭，但同一天空下，貧者與富者像是徹底無關、軟弱者與剛強者有如完全對立，追求被愛者永遠得不到滿足。多少人孤單迎中秋，多少人欲挽回而只能終生遺憾。

但若曾真的深愛情重，人間縱然聚散，快樂片段仍是彌足珍貴。這樣我們會活得更豁達。《獅子山下》的勵志，不在於人生的歡笑與眼淚，而是在於「我哋大家的相遇」。若要看透人生聚散，真是談何容易；希冀能重逢及和好，也是未知之數。

為這城祝禱，寄望每一顆心都能被撫慰照亮，特別記念失去親友和親人、在困厄中的家庭。在這深沉無星的晚上，我將眼光定格在恩情的神身上——那位曾降生於大衛之城的基督，我好像聽到：「團圓了，團圓了。」

- 最重要的發現、最強烈的感受、最有衝動要作的事

- 共鳴點滴：對心説話、告訴耶穌、告訴靈友

42

城裏的月光（二）

這城要在地上萬國人面前使我得頌讚……（耶三十三9）

- 安靜默想
- 心情靈程記錄

- 閱讀

香港只是彈丸之地，在殖民統治的時代，竟也孕育了不少人材。當時很多人都住在公共屋村或徙置區，那一代成長時看的是《財叔》漫畫和黃飛鴻電影。未有電視之前，聽電台播音是娛樂之一。在教會，聚會後打乒乓或籃球，或走在一起唱民歌的，想不到在今天都成了專業人士。我在土瓜灣那間教會牧養的青少年既純樸又上進，他們在不同崗位上貢獻社會，又或影響生命，說他們是生命之光也未嘗不可。

耶穌也說祂是生命的光；造物主以這話來形容自己是恰當的。神創造的大光是陽光，還有月光與星光。陽光和萬物的生長關係密切，現代人更可運用太陽能發電及作其他用途。太陽太猛烈時會令人灼傷。月光既是太陽的反照，它的光亮足夠引導但又不會構成任何傷害，星光伴我行就更有點詩意了。

我曾熱烈的渴望事奉有如燦爛的陽光。我渴望生命充滿光彩。我初出道時極忙碌，以「七一十一」工作節奏抓緊事工，用力事奉和禱告，但靈命枯乾而不自知，更忽略了自己的孤單與掙扎。在關懷別人的需要時，我心思意念零亂，進退失據。直到我安靜下來，開始看得清楚一點，才真正了解自己，也開始真正明白主耶穌才是真光。

這光雖然燦爛，但不像太陽的灼熱，其實很柔和。當生命的掙扎好像帶來如燒傷一般的痛，我要立刻處理時，那柔和的光好像提醒我不要過分在意，讓它過去罷（let go）。祂說：「對情緒紛擾（emotional distractions）不要太好奇，要留意的是深層苦澀的感受，認出背後的想法及感受，然後溫柔繼續放手投靠神，回到禱告的中心。」這樣的操練是在神面前追求更深的安靜。

現代人面對太多零碎的衝擊，情緒負擔甚重，因此十分執著。我想對你說：「你要握緊的不是你的理想，甚至溫情，你要握的是你的心，然後帶著它到神面前。」你或者會聽到：「讓我照耀，候我工作。」我們都希望抓緊幸福，把幸福撒滿這城。不過，幸福好像手中的沙，是會溜走的。你要深信的是，你的幸福一直保管在神的手中。祂是那位使人驚訝的神，而列國將會看到這城如何光輝。

- 最重要的發現、最強烈的感受、最有衝動要作的事

- 共鳴點滴：對心說話、告訴耶穌、告訴靈友

43

城裏的月光（三）

你的弟兄在你那裏若漸漸貧窮，手中缺乏，你就要幫補他，使他與你同住……（利二十五35）

- 安靜默想
- 心情靈程記錄

- 閱讀

「月光光，照地塘，蝦仔乖乖瞓落牀。」（《月光光》）

五十年代那一代，特別是走難來到香港那一羣人，渴想孩子快高長大，幫「屋企」手。那時，城裏好像沒有月光，人人都在徬徨掙扎，努力打拚，但那守望相助的心和行動，我們在五十年代出生的人卻非常明白。今天，活在相對富裕的社會，物質並不匱乏，但心靈很需要被關心時會得到關懷嗎？當年的月光和今天的仍一樣嗎？

曾聽過一個發生在六十年代的故事。住在徙置區七層大廈的住戶都捉襟見肘，生活困難窘迫至極。我朋友的父親當時是技工，收入普通，但每逢出糧，會買一些橡皮糖透過窗戶靜靜放在鄰舍的家中。那不僅是謙卑地付出一點點，更是一份情。過農曆新年時，小孩收到「發達糖」已經不錯，如果有「瑞士糖」就更開心了。但在此環境中竟有人願意幫補或支持，真是太好了！

今日的一份情，可能不是物質的，而是同行、安慰和鼓勵。生命都需要被指引，但誰來作導航，告訴我們下一代天空仍有一片藍，晚空仍有一線光？除了鄰舍、助人者，我相信，無法被取代的，是父母的關顧和煦地照耀生命成長。

每一個人都需要被引導。如果問誰需要引導，可能是營營役役的打工仔、公務員、商人，但也可以是貪慕虛榮的……賭仔、黑社會、反叛或隱閉的青少年……不過，若有人錯覺，以為這些人是墮落或污穢的話，前者就要作「世界的光」來照亮後者。我們要緊記，每個人都是非常有價值的，絕不能看不起別人。就像正生書院幫助的那羣吸毒青少年，又或者是工業福音團契協助的那羣戒賭者，他們仍有機會踏上光明前路。多年前，我受邀到互愛團契講道，皮膚黑實，身體紋上圖案，我不會忘記他們留心聆聽並期待被關懷的眼神。那天早上，我分外感動，因我親耳聽到一個曾在毒海中沉淪的青年分享見證。

在人生的低谷，我們都需要扶持。將「光照」說成是某些人的特別需要是不公平的。無論貧與富、病患與康健、成功與失敗、男女老少……都不能擺脫生命中撕裂的痛苦與孤單，以致失去了自信自植的力量。他們好像在黑暗裏自暴自棄的人，變得自戀自私，最後跌入了罪與私慾的窠臼。

有時，我走到滿是彩燈的街上及人羣擠擁著的商場，周遭傳遞的似乎全是浮華盛世的資訊，與城市的真相實在太不吻合！那些年，我會與友人聚在天星碼頭，在沒有燈光的南丫島海灘徹夜深談。今天，在這繁忙城市，每晚有多少人被遺忘？有多少人因為受了傷害而去傷害他人？有多少人覺得自己受傷，而不自覺地繼續傷害自己與他人？有多少人不能擺脱心靈傷口的纏繞？

有些教會花費大量金錢，每年送月餅給鄰舍，但深耕細作的幫補是持續的同行——哪怕只是關心一個流浪者、一個板間房的居住者、一個等待被關心的人。讓我們禱告，祈求神在這世代的虛浮中喚醒我們，安慰孤單的心靈。

- 最重要的發現、最強烈的感受、最有衝動要作的事

- 共鳴點滴：對心説話、告訴耶穌、告訴靈友

44

因為這是我的土地

求你將耶和華那日應許我的這山地給我……（書十四 12）

- 安靜默想
- 心情靈程記錄

- 閱讀

那時，我住的那唐樓有五層高，單位不算小，但住了十六個人。我從五樓快跑到對面的士多，交還那些汽水樽跌倒，被玻璃割傷的一幕，現在仍歷歷在目。住在唐樓那些年，我念書不成，母親很擔心。成績表紅色斑斑影象仍深印在腦海中。

那些年沒有冷氣機，夏天席地乘涼，聽電台廣播、黑膠唱片。我的睡房有上下格牀，八個人，那時不覺狹窄。在夏天，一家人堆坐在竹簾上的那份親密是難以言傳的。屋中已有一個書櫃，放了少許母親愛讀的詩詞，以及品學兼優的大哥的英文書。後來，有了黑白電視，玩意也多了，就好像跟書櫃疏遠了。

整座大廈的人都熟得不得了，鄰居一起玩要，彼此借這樣借那樣，作甚麼，談甚麼，做甚麼菜，都好像都沒有祕密似的。

我家住近旺角。奶路臣街的味道真好——小食的味道、舊書的味道！尖沙咀和中環不同，有它們獨特的味道。我又如何可向你說大球場和花墟的不同呢？大會堂落成時，還有旁邊的圖書館，讓我們興奮了好一陣子。在沙田那塊供我們玩的荒地，我們吃豆腐乾，學騎自行車，當下彷彿仍聽到昔日的追逐叫喊聲。

當時沒有手機電郵，但信札彌足珍貴。在那時代的轉折，我放下毛筆，拿起鋼筆。信紙、信封和我的英雄牌鋼筆，郵柬上密密麻麻的字，到了今天，每逢回想，仍覺得非常親切。

迦勒要求希伯崙的山地，除了召命，難道沒有感情嗎？簡言之，土地的感情是難以述說的，卻可以承傳。美國五十年代的民歌《這是我的土地》(*This Land Is My Land*)發出呼喚，由東到西，日出日落，由南到北，風光如畫，都在告訴我們，這是屬於我們的土地。這是我們的土地，我們要承傳下去。可是，現在的感覺是黃偉文的詞：「就似這一區/曾經稱得上/美滿甲天下/但霎眼/全街的單位/快要住滿烏鴉」(《囍帖街》)。

是枝裕和執導的電影《海街女孩日記》講的是一種承傳——家和鄰舍的承傳。父親離家十五年後離世，四姊妹發覺父親另有女兒。電影描寫她們奔喪後，迎接了這新成員回家，一起生活，然後在她身上慢慢重拾有關父親的記憶，從而學習接納自己。電影圍繞小社區、節慶、餐廳，信任並親密的關係。餐廳老闆娘跟四姐妹聊起童年往事，知道她們愛吃甚麼。有人說，電影有點太平凡瑣碎，但說的就是簡單生活中的土地、人情與忠愛的傳承啊。

- 最重要的發現、最強烈的感受、最有衝動要作的事

- 共鳴點滴：對心説話、告訴耶穌、告訴靈友

45

流浪者抑或毅行者

我們曾在巴比倫的河邊坐下，一追想錫安就哭了。（詩一三七1）

- 安靜默想
- 心情靈程記錄

- 閱讀

「追想」這詞真好。追想是痛苦的，但我們可以找到其中的意義嗎？累世流浪寄居的猶太民族，當時淪為亡國奴，在異國流下哀痛的淚！故國不堪回首，神的選民比李後主該有更深和複雜的感情罷！

從靈修神學的角度看「流浪」時，我們留意到，雖然聖經用「寄居」、「客旅」，甚至「外人」來形容以色列這羣流浪者，但卻一直肯定其子民的身分。流浪者其實可以是跋行者，在朝聖途中與神同行，又如新約聖經描寫的行在光中。

民權運動（Civil Right Movement）領袖馬丁路德金（Martin Luther King, Jr.）就常用「朝聖」（pilgrimage）來說明黑人爭取公平、自由和民主的歷程。相反，同期的黑人領袖麥爾坎·X（Malcolm X）就過分強調激烈的手段。

以色列人的民族立場與選民心態是否很狹窄和排外，這是一個大題目，但我們可以由信仰的立場去看以色列人嗎？如果希伯來民族的流浪實際上是朝聖，他們首先是神的子民。同樣，民權運動不是一個種族的運動，而是一種身分，也是他們與神的關係。我們必須明白這一點。

希伯來詩歌和文字充滿動感，本身就是一幅畫、一個故事——河邊、坐下、家園、眼淚，可讓他們回想多少昔日情境！

以往，他們在曠野流浪，今天我們，也在都市流離；昨天他們在大道上朝聖，我們在都市毅行。我們不能説抗爭者是以音樂和文字作為工具這樣簡單，其實那是源於人類心靈深處喝求自由與釋放的呼喊！我們八九年都曾在皇后大道中高喊民主。我絕不會説我是在流浪，我只會説我在苦苦追尋。因此，*We Shall Overcome* 這首歌之所以面世，皆因先有“We Shall Overcome”的心靈、精神、情感和自由。

泰澤其中一首歌這樣説：「耶穌基督，在我心中照耀，不要再讓黑暗對我説話……」你聽到這歌聲了嗎？你準備起行了嗎？

在都市漫步，自主的擁有空間。這是我城市的空間，也是一種高尚的行為。正是這顆心，這份情、這種精神，讓我們去唱《海闊天空》時，才為音樂的震撼而驚詫。這樣，來一首 Taize 的短誦，燃起一枝一枝的蠟燭，就不是人為的做作，而是神聖的秩序。

- 最重要的發現、最強烈的感受、最有衝動要作的事

- 共鳴點滴：對心說話、告訴耶穌、告訴靈友

46

枷鎖：社會氛圍

和你們同居的外人，你們要看他如本地人一樣，並要愛他如己，因為你們在埃及地也作過寄居的。我是耶和華——你們的神。（利十九 34）

- 安靜默想
- 心情靈程記錄

- 閱讀

我在香港出生、成長和接受教育，目睹香港一直致力於推動廉潔、公平、開明、自律的社會制度。自幼耳濡目染的香港精神，就是勤奮和務實，不過，今天的香港精神，隨著無休止的自由行（即「港澳個人遊」計劃），不知不覺在變質，令人覺得實在不是味兒。

聖經的教導是，待外人要如客旅，以色列人十分明白這點，因為他們曾在埃及為奴，也常常被當作外人。可是，現在香港的處境剛好是掉轉的。如果以色列人當時形容自己是在為奴之地，今天很多新移民或遊客會看自己為奴僕嗎？

我留意到部分內地旅客和新移民一些近似「橫行霸道」的行為和生活態度。自從二〇〇三年自由行實施以來，大陸同胞到香港變得容易，大陸孕婦前來香港產子的個案也劇增。父母都不是香港居民，而使用香港公立或私營醫療服務誕下嬰兒的數目，由二〇〇三至二〇一一年計，已超過十七萬（參 http://ycdi.hkspc.org/雙非單非嬰數目），對香港的醫療、教育、社會福利和公共資源等造成沉重壓力。還有，父母非香港居民但在港出生的兒童，亦被批評有濫用香港綜援資助之嫌。

面對這個包袱，一些香港人內心的不滿和憤怒是可理解的：沒有在港盡過公民義務的同胞，竟然罔顧香港居民應得的利益，用香港的資源來滿足自己的慾望，這與我們勤奮拼搏的香港精神大相逕庭。往日多勞多得、勤奮務實的社會氛圍，也慢慢變得功利和貪婪。

此外，亦有一些香港市民擔心自由行遊客實質上並非來港旅遊，而是借用旅遊之名從事非法行為，叫人憂心這地的治安，每天走在街上不得不提高警覺。還有有時在超級市場和商場上演的瘋狂「掃貨」場景，或許都會令人感到不安，對市民生活造成不便。

我無意標籤或排斥大陸同胞，也絕不是鼓吹「大香港主義」，但這種從北吹來的「霸」氣，儼如暴風前夕的黝黑，重重地壓在維多利亞港的上空；又或者像一把無形的枷鎖，壓著土生土長的人的心靈，有點揮之不去的窒息和無奈吧。

如果靈修是跟日常生活息息相關，我們應怎樣在日常生活中作主人、學習款待呢？

- 最重要的發現、最強烈的感受、最有衝動要作的事

- 共鳴點滴：對心說話、告訴耶穌、告訴靈友

47

我城我情(一)

又有行善的名聲，就如養育兒女，接待遠人，洗聖徒的腳，救濟遭難的人，竭力行各樣善事。(提前五 10)

- 安靜默想
- 心情靈程記錄

- 閱讀

難忘的地方，總閃爍著回憶的光影，觸動著心靈的最深處。

小學階段，家居附近有兩間茶樓，並排而立，中間是一條梯級，通往上面的民居。左面那間叫天龍，右面叫好運，不知是否中國人迷信的關係，好運總是首選，尤其在農曆年前後，茶客例必到好運「朝聖」，滿座了才不得不往天龍去。

好運是兩層的，地下那層較闊，入口的左面是收銀櫃位，右面是賣「燒味」的地方，靠街的大玻璃前掛著一排排油雞、燒鵝、叉燒和各式各樣的鹵味。入冬後還有臘腸、臘肉、臘鴨和今天很難見到的金錢潤。閣樓比較窄，樓底也矮，但一家大小來吃飯的多到閣樓，家庭氣氛濃烈，感覺好溫馨，而且多是街坊街里，熟口熟面。

那時仍是「搭枱」的年代，一張十二人大枱可能坐著三、四組人，全靠將枱布往中間捲起來，楚河漢界，分得清清楚楚。由於枱面有限，吃完的點心蒸籠只好放在地上，到服務員來計數時，才把蒸籠逐個拿上來。曾見過食客把蒸籠踢入枱底，不過大部分食客都是誠實的，那個時代始終是個講誠信的時代呢。

燒味師傅叫瑞叔，大概四十歲，身材瘦削，但精神炯炯。由我六、七歲開始，瑞叔一直在那裏，我們每次去買燒味時，他總是親自操刀，把最嫩最好的部分給我們。

到我上中學、大學，然後結婚，有了小孩，瑞叔看著我成長，他也從昔日的壯年，加入銀髮一族，但笑容仍是那般親切。不知是甚麼時候，好運那幢大廈要重建，好運隨著結業了。瑞叔也該退休了吧，辛勞半生，該享兒孫福了。

七十時代初期，尖沙嘴天星碼頭旁邊，海運大廈落成了。那是郵輪乘客登船的地方，裏面高檔商店林立，當然還有各種食肆，其中一間名叫海天酒家。

父親那時於警察總部服務，不知甚麼原因，他和警察部的同事經常光顧海天，於是便跟部長和服務員相熟起來。

棉叔就是我們最熟絡的部長之一，和瑞叔相似，他也是身材瘦削，頭頂有點禿，看起來好像和藹可親的叔伯。每逢假日，只要先打電話給棉叔，不管多擠擁，他都會給我們弄來張桌子。中學至大學預科那些年，可算是家裏經濟比較穩定的時候，父親獲得晉升，姊姊開始白領工作，母親間中跟伯娘合資買些股票，常有進帳，於是我們更常去海天，點的菜餚也較講究了。

棉叔最懂父親口味，所以每次多由他來負責點菜，他和我們有說有笑，像家中一分子。後來我考進香港大學時，他高興得像我父母一樣。這種感情，好特別，今天或許再也找不到了。海天是甚麼時候結業的，我也記不清了。只記得母親忽然患病離世，父親再也沒有去過海天，我也因婚後搬到香港島，從此再沒有見過棉叔了。

保羅在經文中提到「竭力行各樣善事」的人，保羅是想到呂底亞嗎？如果呂底亞是有情義之人，你和你的城及城裏的人也有情嗎？保羅穿梭於不同城市，辛勞之餘，亦面對各種衝擊，他在信中常常表達他對肢體們的懷念。

- 最重要的發現、最強烈的感受、最有衝動要作的事

- 共鳴點滴：對心說話、告訴耶穌、告訴靈友

48

我城我情（二）

有一個患病的人，名叫拉撒路，住在伯大尼，就是馬利亞和他姊姊馬大的村莊。（約十一 1）

- 安靜默想
- 心情靈程記錄

- 閱讀

二十世紀七十年代末期，我在香港大學讀書，般咸道有間頗有名氣的莎厘娜餐廳（Czarina Restaurant），以俄羅斯餐點聞名，它的羅宋湯、俄羅絲牛肉飯、牛脷、豬手等都很有水準，自一九六四年開業以來，一直深得食客擁戴。

那時的大學生，物質條件一般，平日的飯餐多在大學飯堂解決，遇著甚麼特別事情才到莎厘娜豪華一趟。印象比較深刻的是和要好的男生在那裏約會，那時還有閣樓，幽靜得很。今天再去的時候，原來閣樓一早沒有了，只得地面一層，不免狹隘了很多，難得食物仍保持水準，服務員仍是親切，服事之餘，忙著穿梭替人客拍照，彼此聊聊餐館即將拆卸的事，對話中充滿種種懷念和惋惜。

看著餐館內古老的裝飾，一幅幅用類似白粉筆寫成的餐牌，從天花垂下來的絲質植物，餐桌上經典的紅白色格仔枱布等，彷彿見證了幾十年來人事的變遷，陪伴了一代又一代香港人，踏著年輕的步伐，走過壯年甚至老年的歲月。我或許就是其中一個吧。

座位對面掛著副對聯：「世事無窮，做到老時學到老，人生有幾，得寬懷處且寬懷。」一代來，一代去，人如是，餐館如是，幸好人腦攝影機已把這些古舊片段存檔，除非患上腦退化症，否則有生之年，該還可緬懷下去的。

近年，已愈來愈少人以「東方之珠」來形容香港，但香港的重要性和知名度仍然是肯定的。對耶穌來說，伯大尼的重要性不在於它的知名度，而是在於這城是他的好友馬大、馬利亞和拉撒路的住處。家在香港，你也必定有熟悉的朋友。或者，我們的蝸居不能款待朋友，但選一間老店，緬懷昔日、數算恩典，也是美事呢！

- 最重要的發現、最強烈的感受、最有衝動要作的事

- 共鳴點滴：對心説話、告訴耶穌、告訴靈友